JAMES BAY CHAOS AND THE CALM

ISBN 978-1-4950-6983-3

HAL•LEONARD® CORPORATION

7777 W. BLUEMOUND RD. P.O. BOX 13819 MILWAUKEE, WI 53213

Visit Hal Leonard Online at
www.halleonard.com

PREFACE

Learning to play guitar is hard. As much as we all want it to, it just doesn't happen overnight. And these books aren't always the answer, but they are a great way to get started.

I've learned that the greatest riffs and parts exist within great songs, so that's what I really wanted for Chaos And The Calm, even though I'm a guitar player at heart, I wanted great songs.

I grew up listening to everything from classic Motown to Rock n Roll and after a while I began to realize how it all fed into each other and what made that music so timeless.

Go and check that stuff out, see how important it is to keep melodies and parts simple and strong. Hopefully you'll find those components in this book, and if nothing else, through learning how to play these songs you'll pick up some of what I learned, and hopefully learn about how to apply that to your own writing.

(Now go and watch Ghostbusters.)

-James Bay

CRAVING

Words and Music by JAMES BAY
and IAIN ARCHER

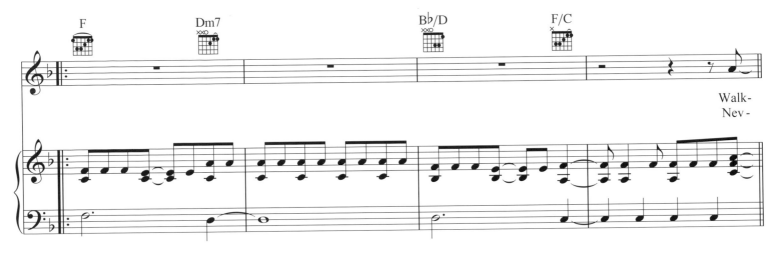

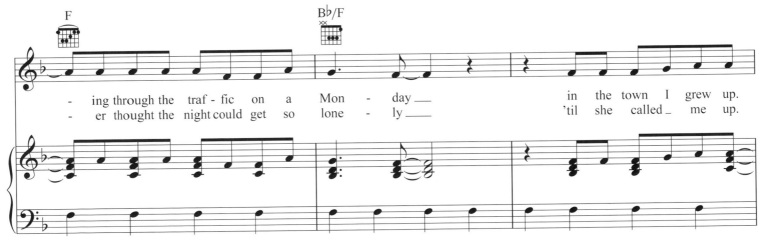

- ing through the traf-fic on a Mon - day ___ in the town I grew up.
- er thought the night could get so lone - ly ___ 'til she called ___ me up.

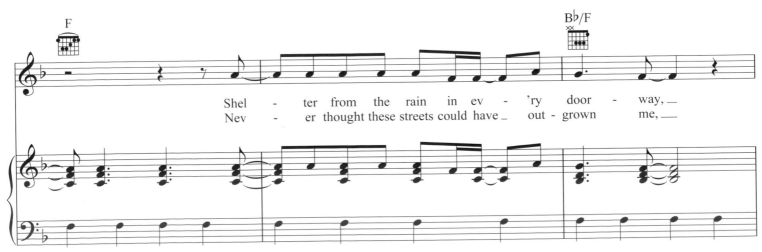

Shel - ter from the rain in ev-'ry door - way, ___
Nev - er thought these streets could have ___ out - grown me, ___

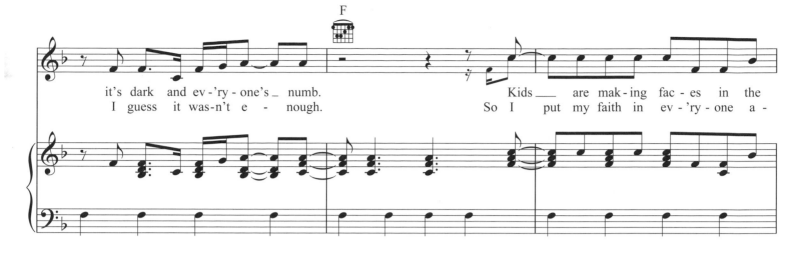

it's dark and ev-'ry-one's_ numb.
I guess it was-n't e - nough.
Kids_ are mak-ing fac - es in the
So I put my faith in ev-'ry-one a -

bus lane ___ but no-bod - y looks up.
round me, ___ then she sold all my stuff.
Ev -
Sheer ___

- 'ry-one's life _ the same as _ yes - ter day
___ and wild a - ban-don, that's all I need _
just like the tick-ing of _ clocks.
and some - one I ___ can ___ trust.

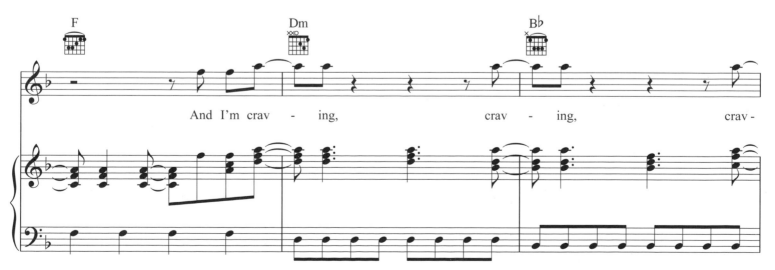

And I'm crav - ing, crav - ing, crav-

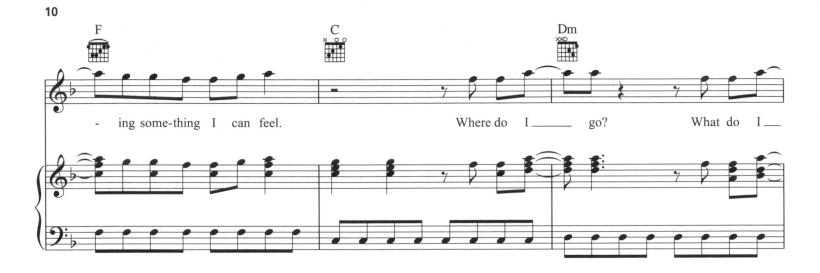

- ing some-thing I can feel. Where do I ____ go? What do I ____

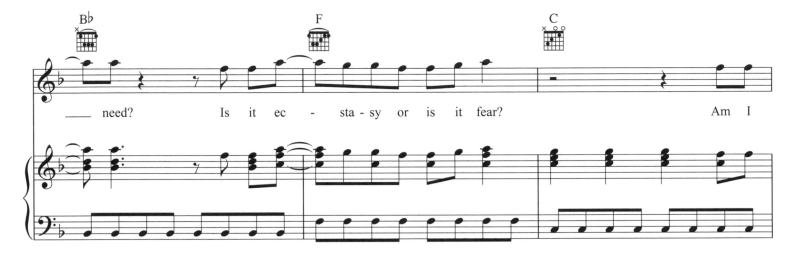

____ need? Is it ec - sta-sy or is it fear? Am I

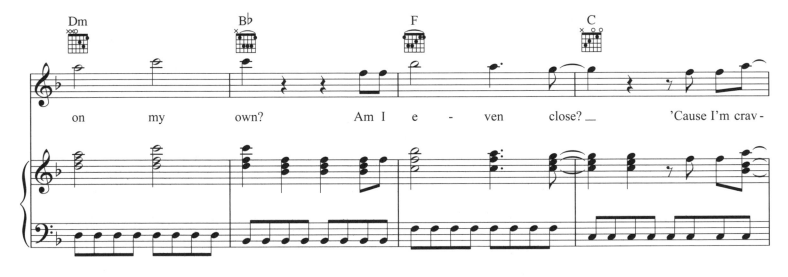

on my own? Am I e - ven close? ___ 'Cause I'm crav-

- ing, still crav - ing some-thing I can feel. - ing some-thing I can feel.

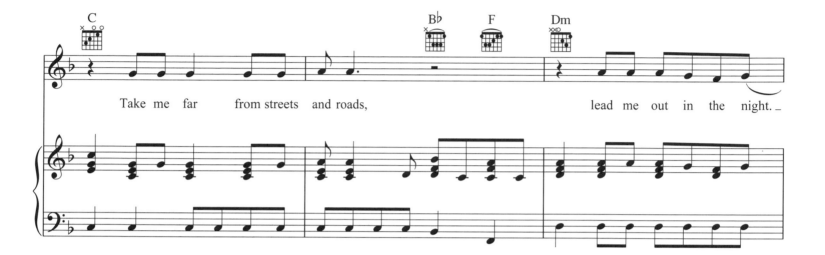

Take me far   from streets and roads,   lead me out in the night.

Don't show me the way   back home   'cause I... _____

Yes, I'm crav - ing,   crav - ing, __ crav -

-ing some-thing I can feel. Where do I _____ go? What do I _____

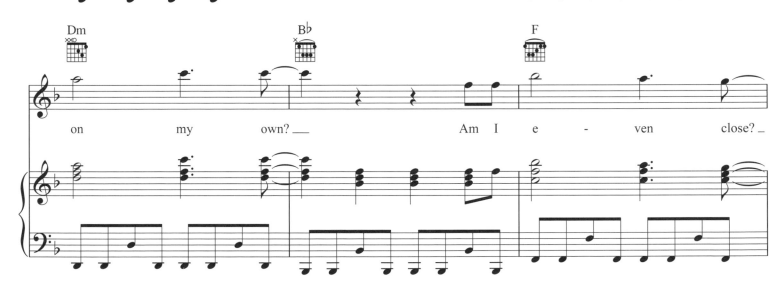

_____ need? Is it ec - sta-sy or is it fear? _____ Am I

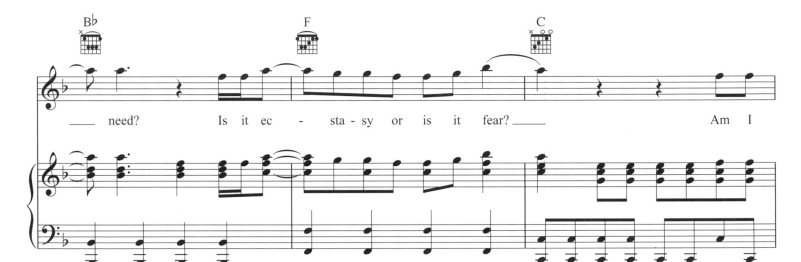

on my own? ___ Am I e - ven close? _

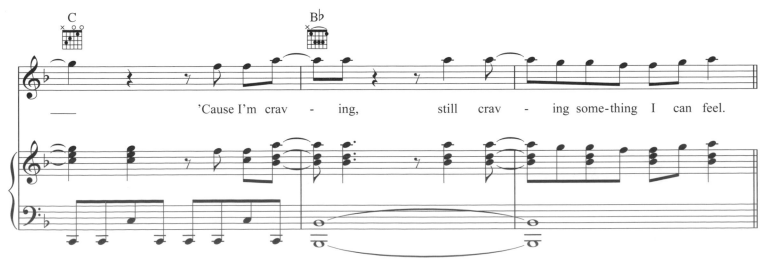

___ 'Cause I'm crav - ing, still crav - ing some-thing I can feel.

HOLD BACK THE RIVER

Words and Music by JAMES BAY
and IAIN ARCHER

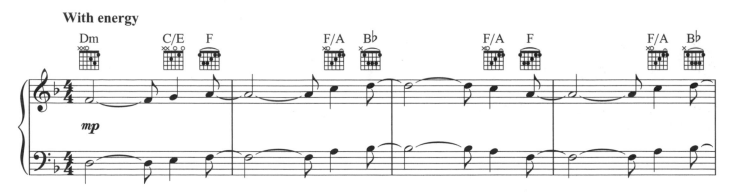

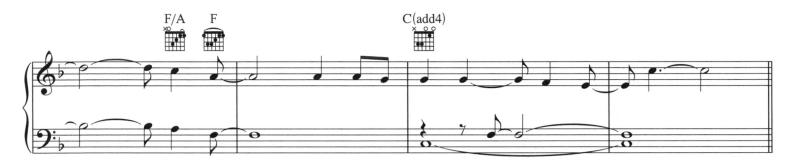

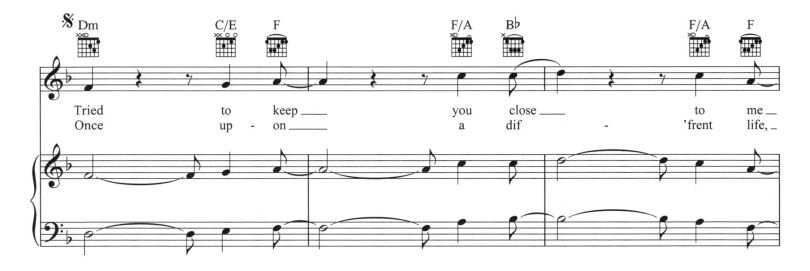

Tried to keep ___ you close ___ to me ___
Once up - on ___ a dif - 'frent life, ___

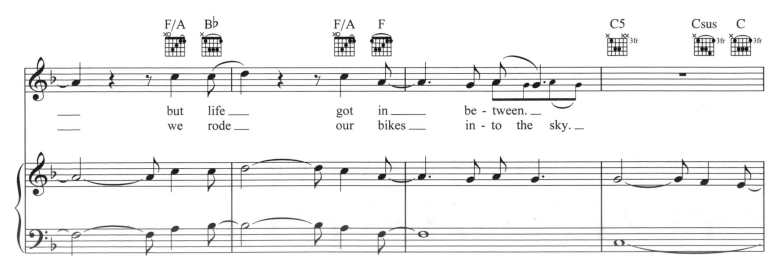

___ but life ___ got in ___ be - tween. ___
___ we rode ___ our bikes ___ in - to the sky. ___

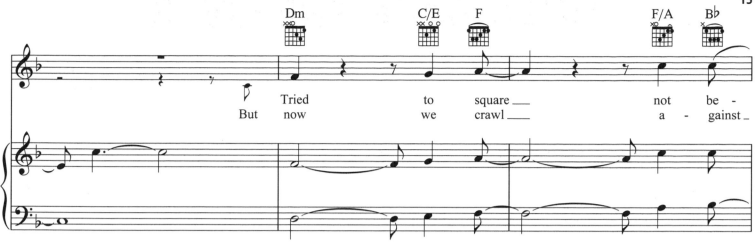

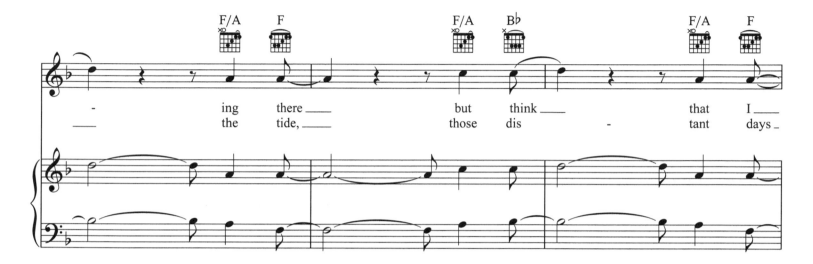

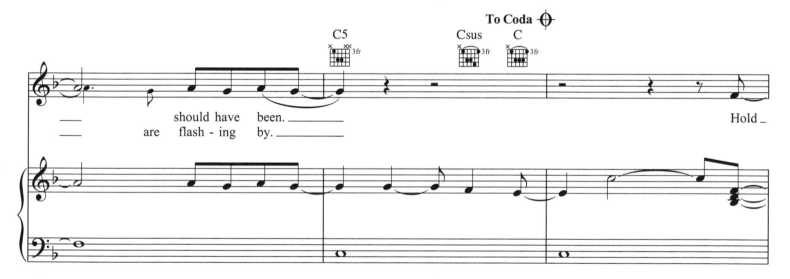

I _____ can stop _ for a min-ute and _ see where you _ hide. Hold _

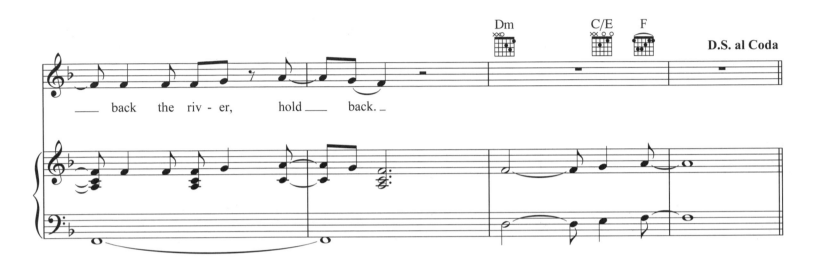

D.S. al Coda

_ back the riv-er, hold _ back. _

CODA

Hold _ back the riv-er, let me look in your _ eyes. Hold _

_ back the riv-er so _ I _____ can stop _ for a min-ute and _

see where you __ hide. Hold __ back the riv - er, hold __ back. _ Hold _

__ back. _ Oh, oh, oh, ___ oh, oh. _

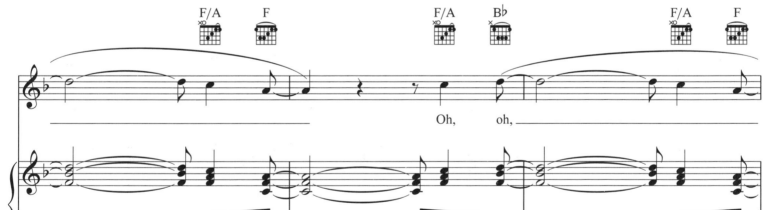

Oh, oh, _____

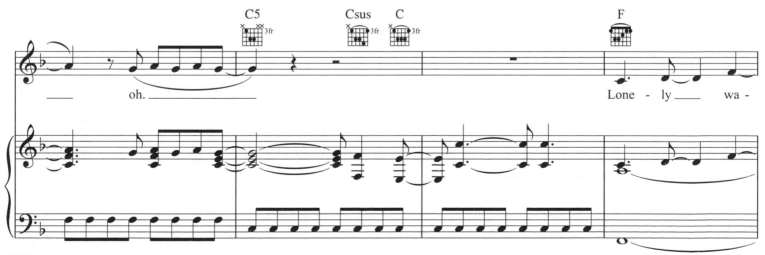

__ oh. _____ Lone - ly __ wa -

-ter, lone - ly ___ wa - ter, won't ___ you let us ___ wan -

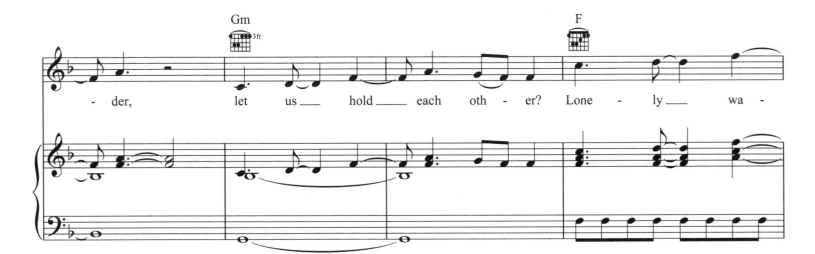

-der, let us ___ hold ___ each oth - er? Lone - ly ___ wa -

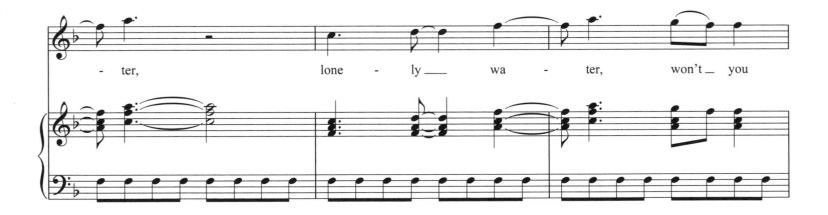

-ter, lone - ly ___ wa - ter, won't ___ you

let us ___ wan - der, let us ___ hold ___

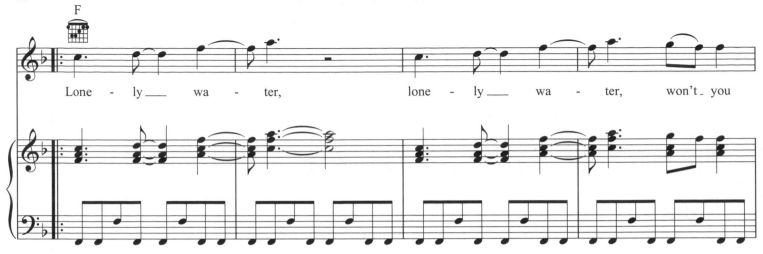

Lone - ly — wa - ter, lone - ly — wa - ter, won't — you

let us — wan - der, let us — hold — each oth - er?

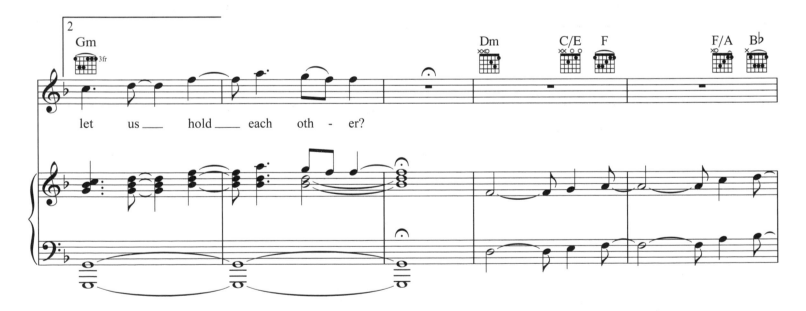

let us — hold — each oth - er?

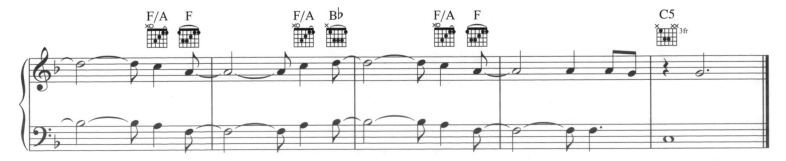

LET IT GO

Words and Music by JAMES BAY
and PAUL BARRY

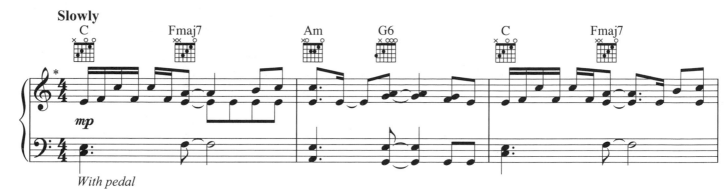

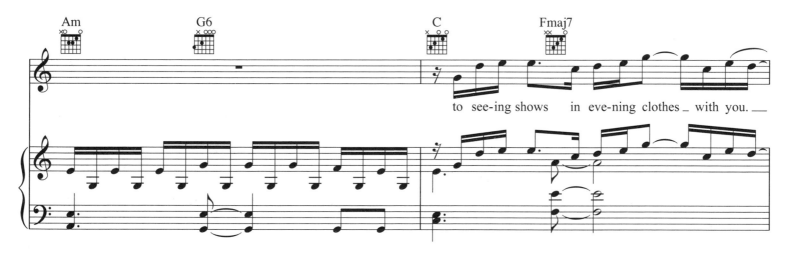

From walk-ing home and talk-ing loads,

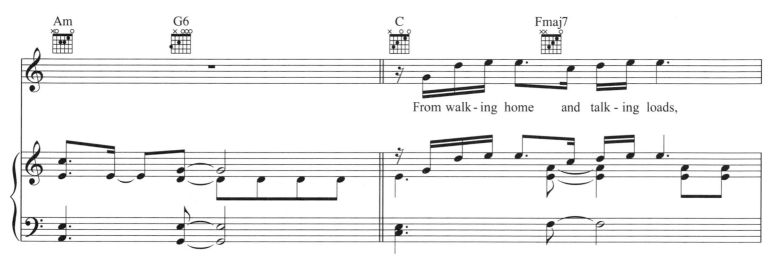

to see-ing shows in eve-ning clothes with you.

From nerv-ous touch and get-ting drunk,

* Recorded a half step higher.

to stay - ing up and wak - ing up ___ with you. ___

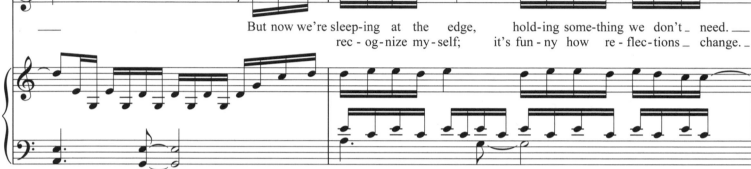

___ But now we're sleep - ing at the edge, hold - ing some - thing we don't ___ need. ___
rec - og - nize my - self; it's fun - ny how re - flec - tions ___ change. ___

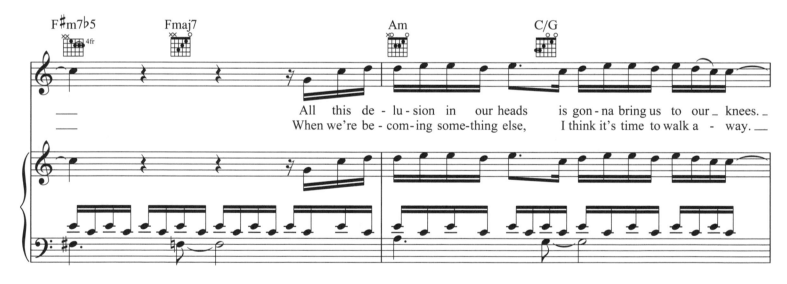

___ All this de - lu - sion in our heads is gon - na bring us to our ___ knees. ___
___ When we're be - com - ing some - thing else, I think it's time to walk a - way. ___

___ So, come on, let it go, _____ just let it

be. _____ Why don't you be you _____ and I'll _____ be me? _____ Ev-'ry-thing that's

broke, _____ leave it to the breeze. _____ Why don't you be

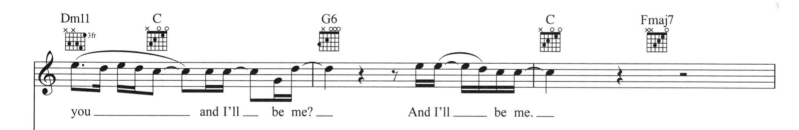

you _____ and I'll _____ be me? _____ And I'll _____ be me. _____

To Coda ⊕

CODA

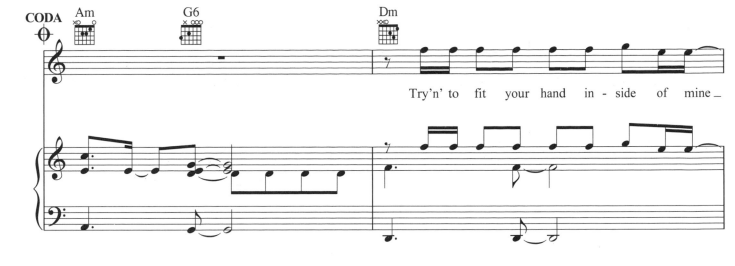

Try'n' to fit your hand in-side of mine _

_ when we know it just don't be-long. _ There's no force on earth _ could make it feel right, _

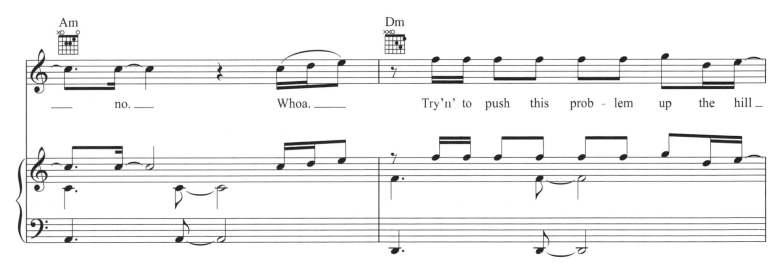

_ no. _ Whoa. _ Try'n' to push this prob-lem up the hill _

_ when it's just too heav-y to hold. _ I think now's the time _ to let _ it slide. _

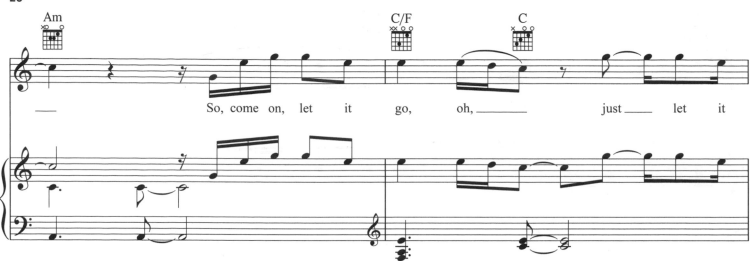

So, come on, let it go, oh, _____ just ___ let it

be. _____ Why don't you be you _____ and I'll ___ be me? ___

___ Ev-'ry-thing that's broke, _____ leave it to the

breeze. _____ Let the ash - es fall; _____ for-get a - bout ___ me. ___

Come on, let it go, _____ just ___ let it

be. _____ Why don't you be you _____ and I'll ___ be me? _

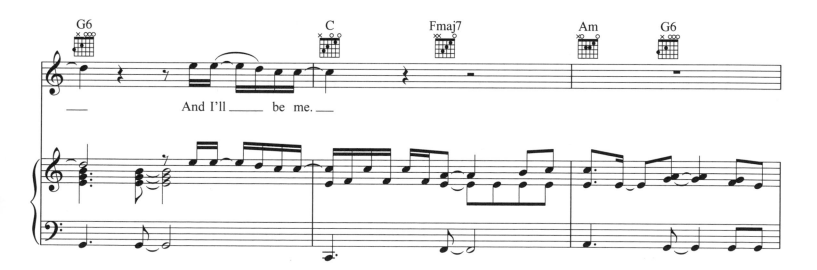

And I'll ___ be me. ___

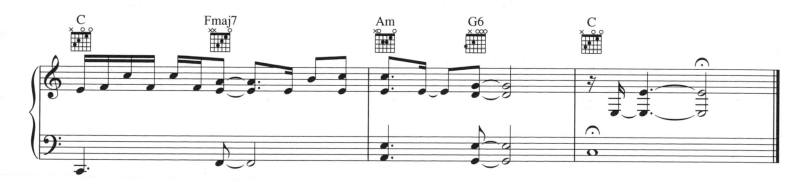

IF YOU EVER WANT TO BE IN LOVE

Words and Music by JAMES BAY,
JIMMY HOGARTH and STEVE McEWAN

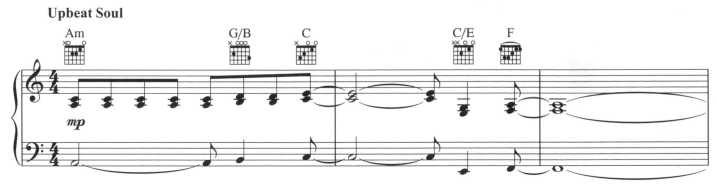

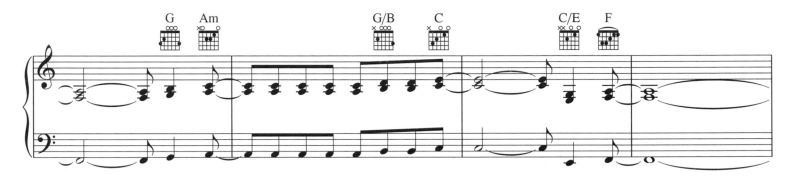

Saw you to-day af-ter so much time,

felt just like it used to be. ___

Talk-ing for hours 'bout a

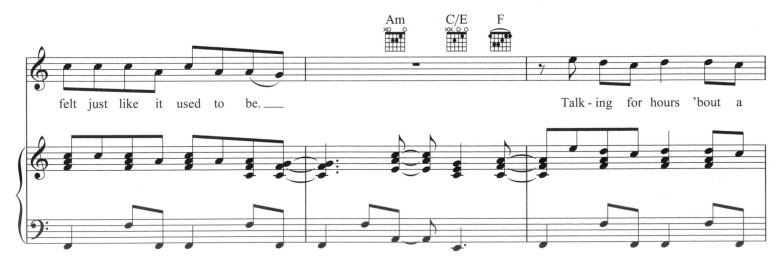

dif-f'rent life sur - round-ed us in mem-o-ries.

We were close, nev - er close e - nough; where ___ are ___ we now? _

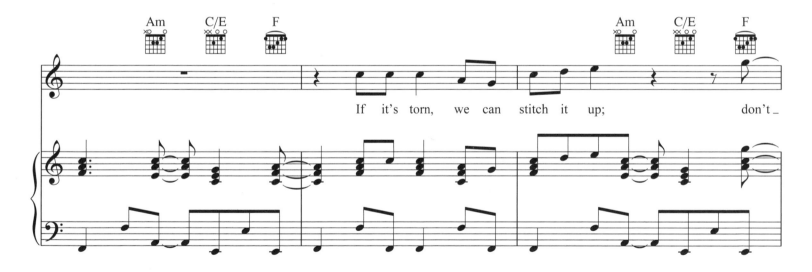

If it's torn, we can stitch it up; don't _

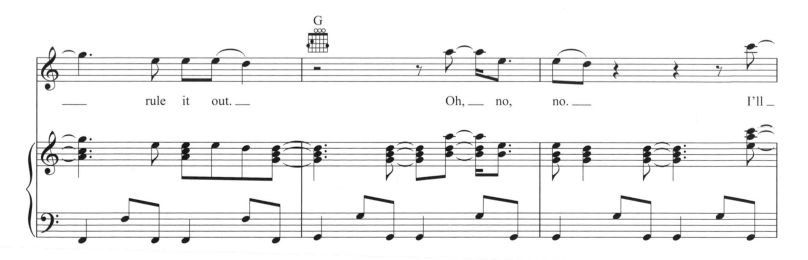

___ rule it out. ___ Oh, ___ no, no. ___ I'll _

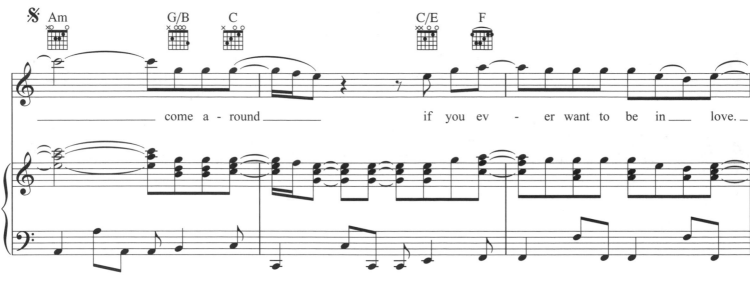

come a - round _____ if you ev - er want to be in _____ love. _____

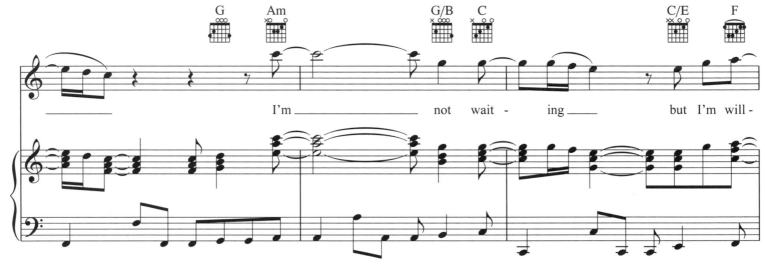

_____ I'm _____ not wait - ing _____ but I'm will -

- ing if you call me _ up. _____ If you ev - er want to be in _____ love, _

To Coda ⊕

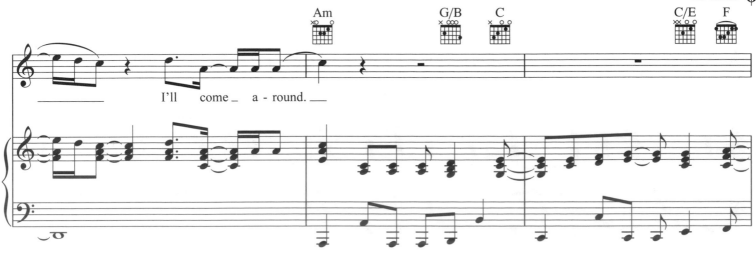

_____ I'll come _ a - round. _____

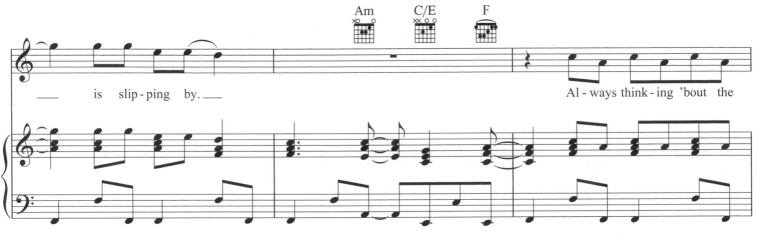

is slip-ping by. ___ Al-ways think-ing 'bout the

two of us, ___ re-play ___ on ___ my mind. ___ Al-

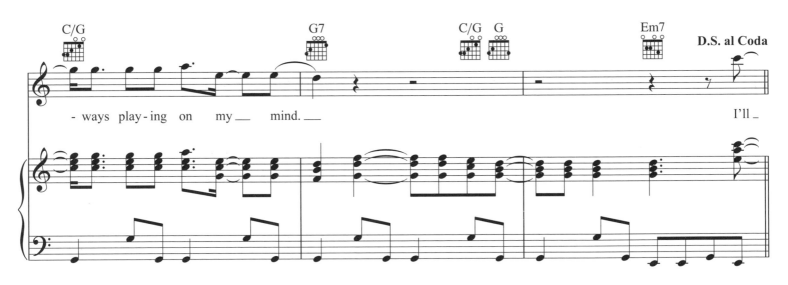

D.S. al Coda

- ways play-ing on my ___ mind. ___ I'll ___

CODA

Oh, oh. ___ Oh, oh.

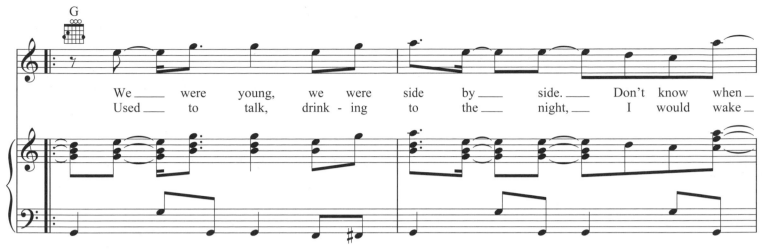

We ___ were young, we were side by ___ side. ___ Don't know when
Used ___ to talk, drink-ing side to the ___ night, ___ I would wake

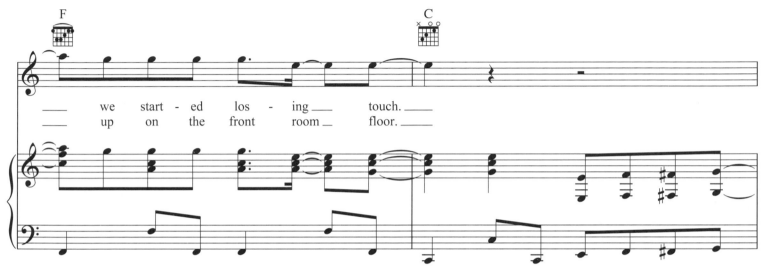

___ we start-ed los - ing ___ touch. ___
___ up on the front room ___ floor. ___

If ___ you want, we could walk a - round, ___ may-
All ___ a - long, you'd be in my ___ bed, ___ make me cra-

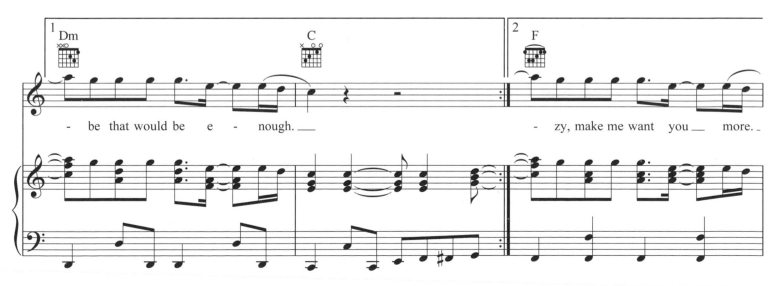

- be that would be e - nough. ___
- zy, make me want you ___ more. ___

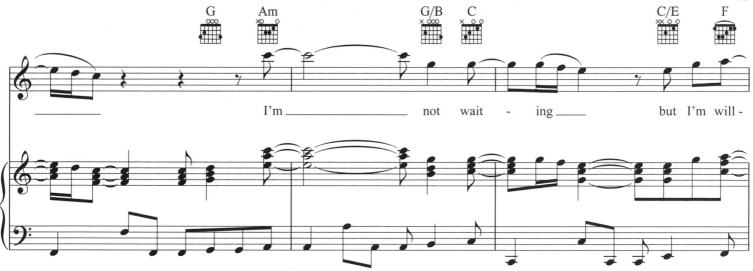

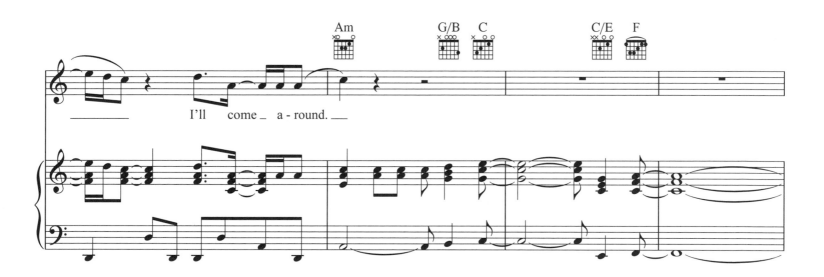

BEST FAKE SMILE

Words and Music by JAMES BAY
and IAIN ARCHER

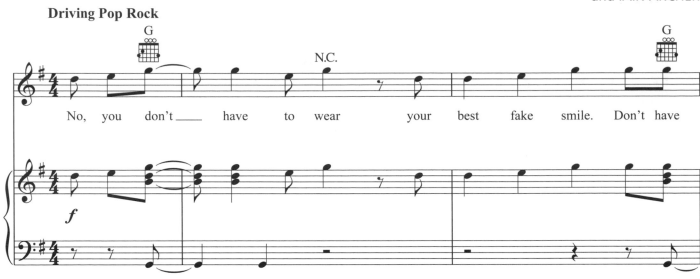

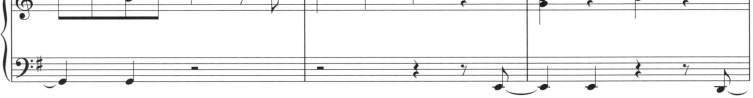

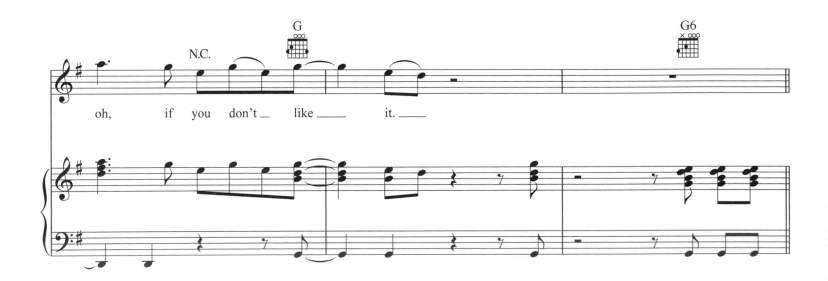

She's work-ing late and mak-ing eyes at the door, ___
No hes-i-ta-tion, now she gets up and walks, ___

she's sick of ev-'ry-bod-y up on her floor. ___
she thinks of all the pain and pride that it cost. ___

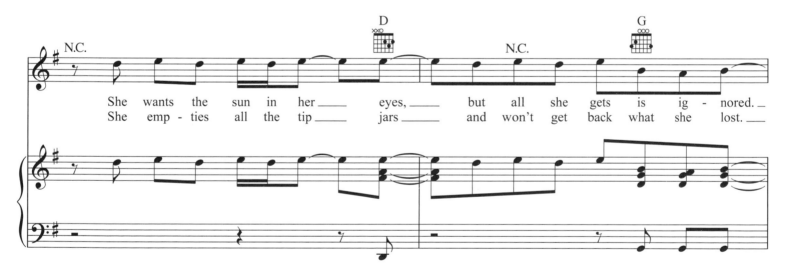

She wants the sun in her ___ eyes, ___ but all she gets is ig-nored. ___
She emp-ties all the tip ___ jars ___ and won't get back what she lost. ___

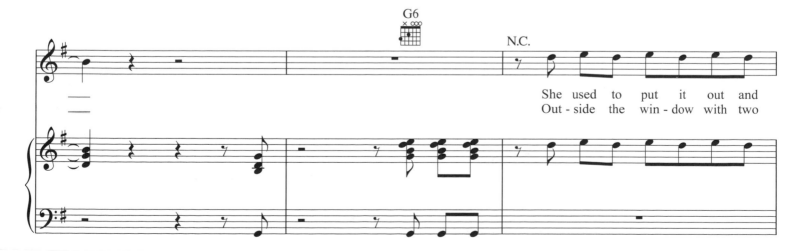

___ She used to put it out and
___ Out-side the win-dow with two

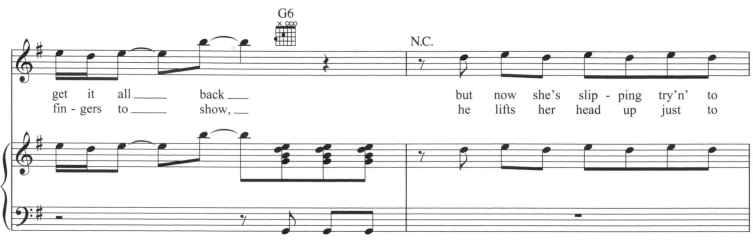

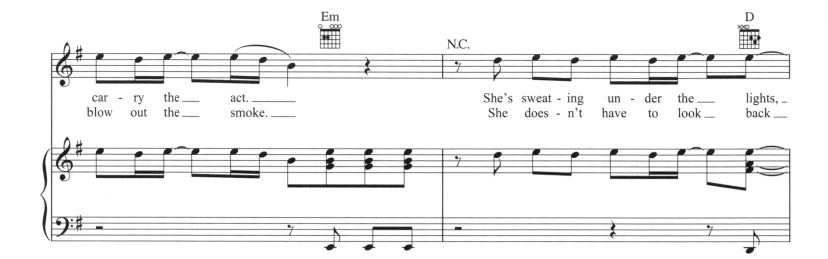

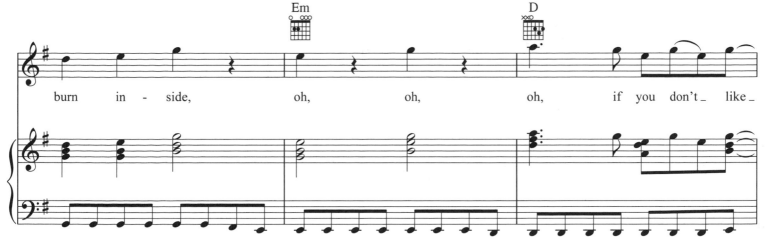

burn in - side, oh, oh, oh, if you don't _ like _

_ it. _ And you don't _ have to care, so

don't pre - tend. No - bod - y needs a best fake friend.

Oh, oh, oh, don't hide _ it. _

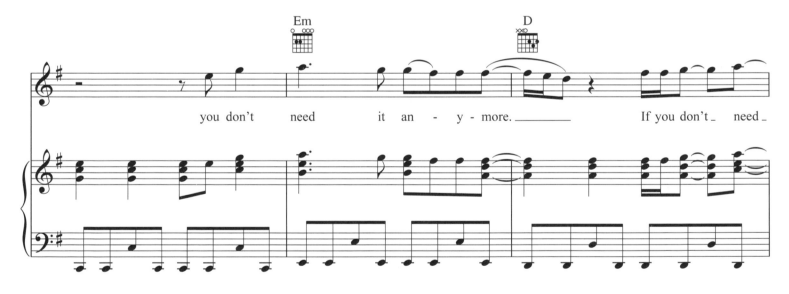

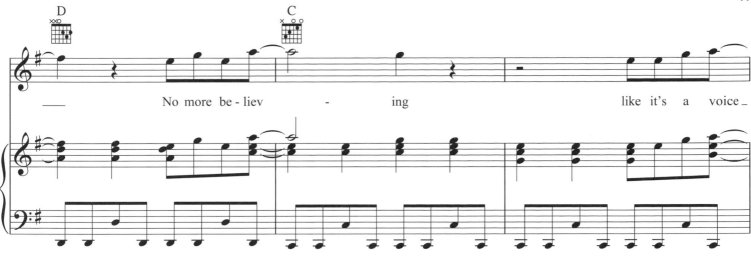

No more be-liev - ing like it's a voice

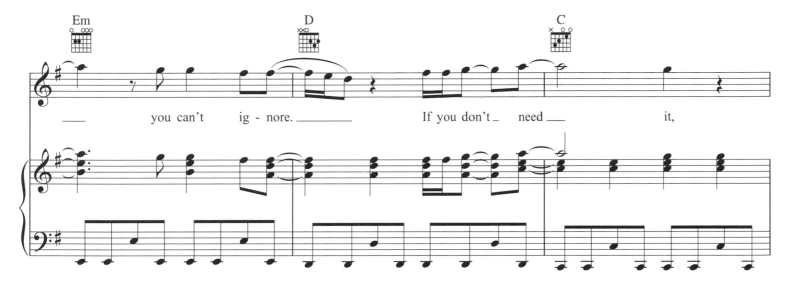

you can't ig - nore. If you don't need it,

you don't need it, no. And you don't

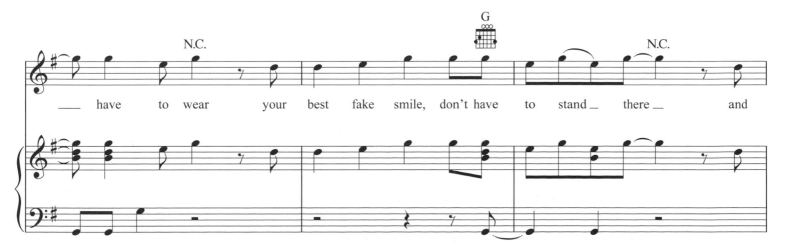

have to wear your best fake smile, don't have to stand there and

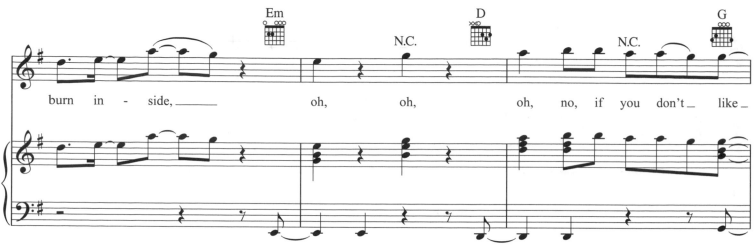

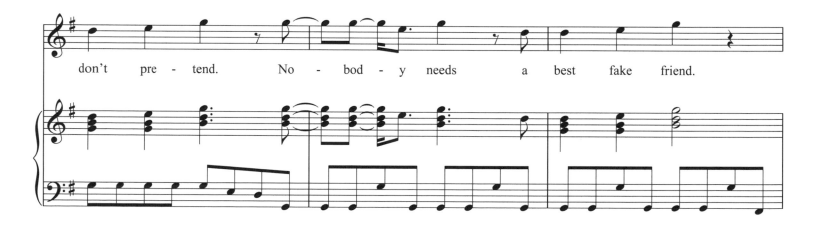

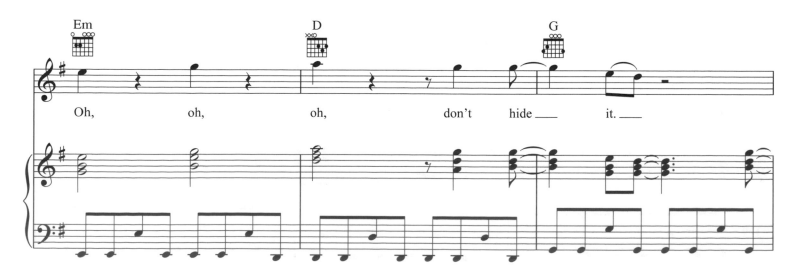

No, you don't have to wear your best fake smile, don't have

to stand there and burn inside, oh, oh,

oh, if you don't like it.

Oh, oh, oh, no, if you don't like it.

WHEN WE WERE ON FIRE

Words and Music by JAMES BAY
and JON GREEN

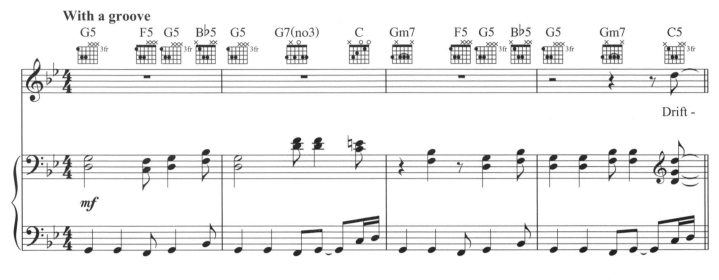

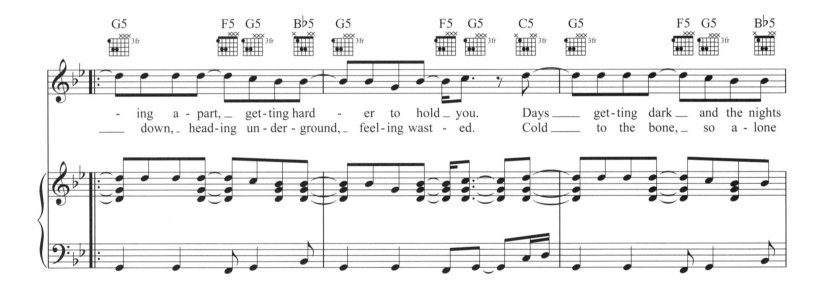

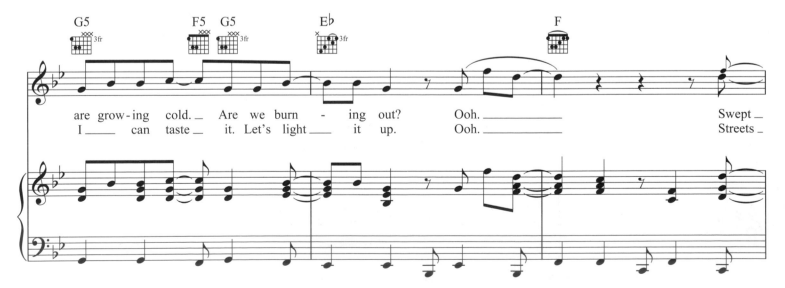

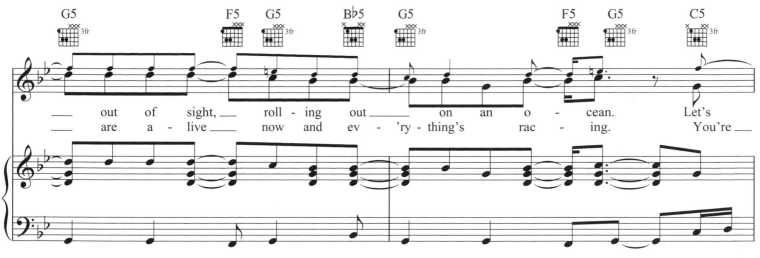

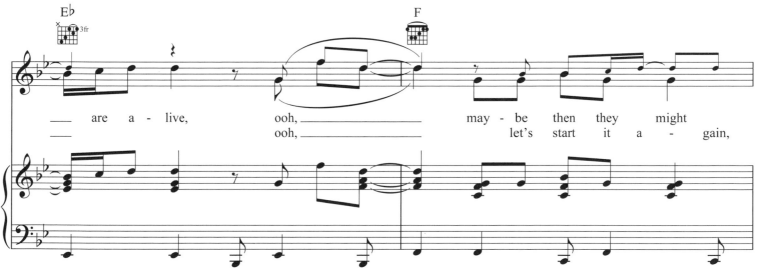

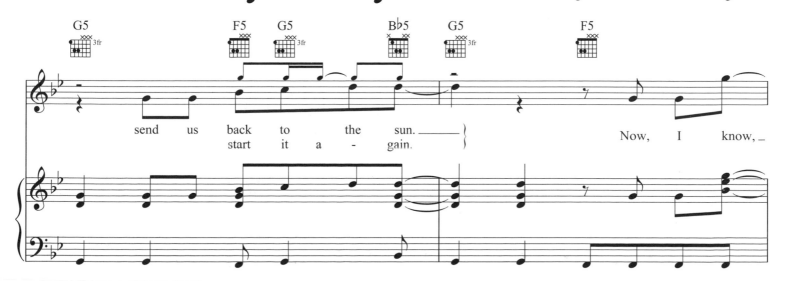

I know __ we're los - ing light, __ our love __

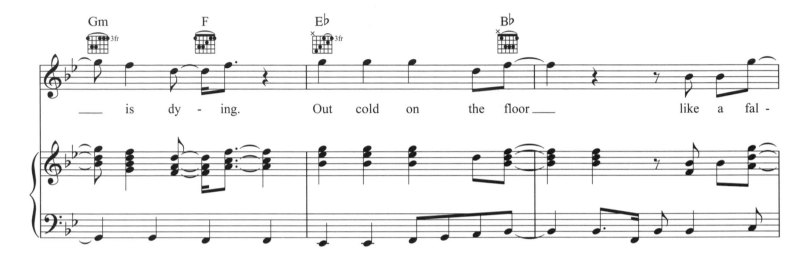

__ is dy - ing. Out cold on the floor __ like a fal -

- len star __ that shines __ no more. __ Take, take __ me __

__ back to where it was be - fore __ when we were on

Now, don't tell me, no, _____ that we're burn - ing down. _____
Oh, oh, oh, _____ oh, oh, oh, oh. _____

Oh, oh, oh. _____ And don't tell me, no, _____ that we're burn -
Oh, oh, oh. _____ oh,

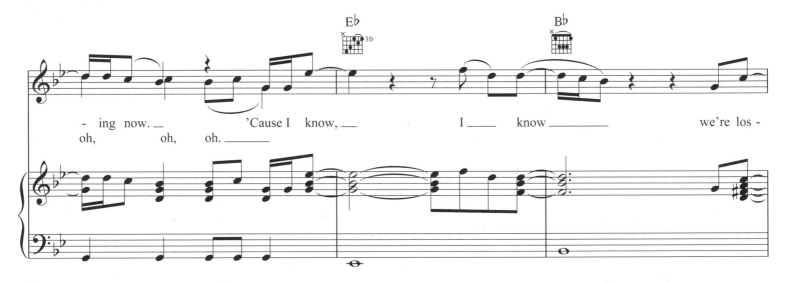

- ing now. _____ 'Cause I know, _____ I _____ know _____ we're los -
oh, oh, oh. _____

- ing _____ light and our love _____ is dy - ing. Take, take me _____ home _____

MOVE TOGETHER

Words and Music by JAMES BAY
and JAMIE HARTMAN

With a gentle lilt

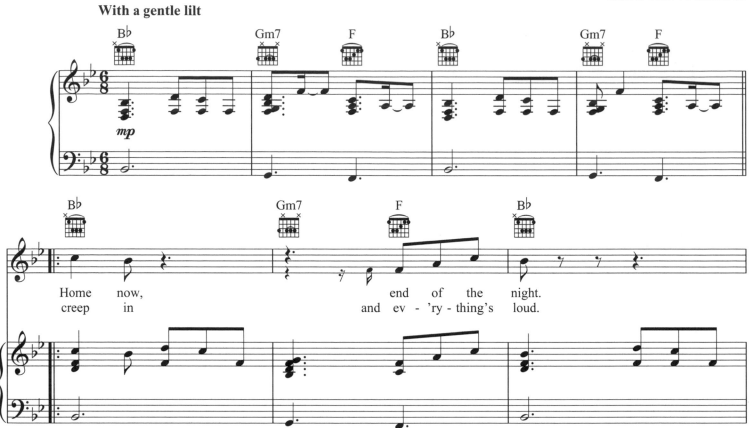

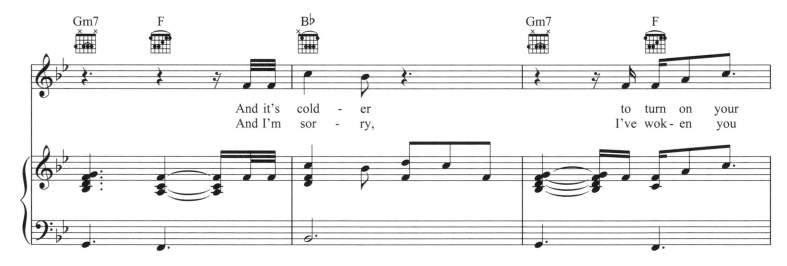

Home now,   end of the night.
creep in   and ev - 'ry-thing's loud.

And it's cold - er   to turn on your
And I'm sor - ry,   I've wok - en you

side.   And I know you
now.   And we'll ar - gue

are up in two hours.
the tin - i - est thing.
But we
But we

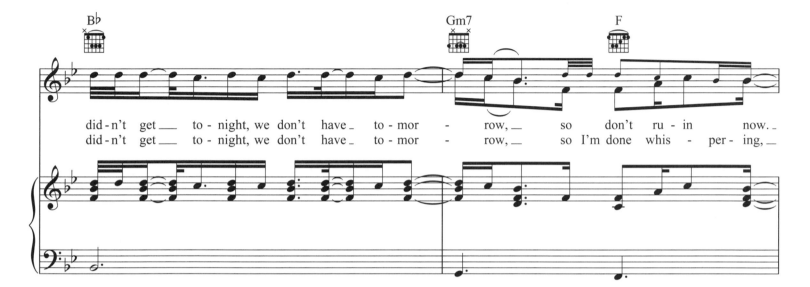

did - n't get ___ to - night, we don't have __ to - mor - row, __ so don't ru - in now.
did - n't get ___ to - night, we don't have __ to - mor - row, __ so I'm done whis - per - ing, __

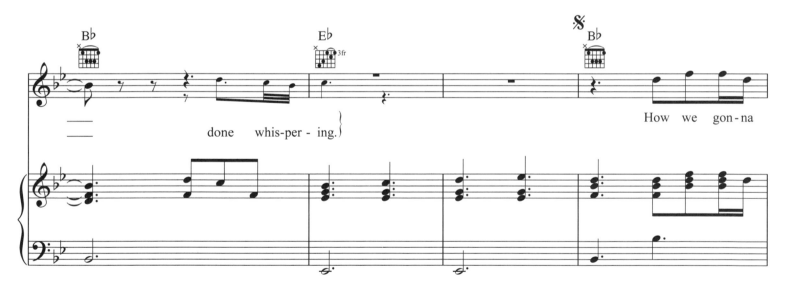

done whis - per - ing.
How we gon - na

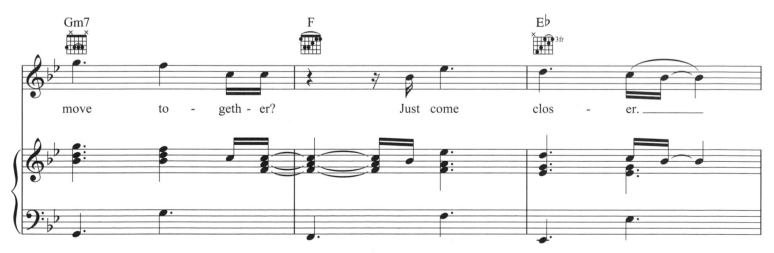

move to - geth - er?   Just come   clos - er. _____

If we don't move to - geth - er, come

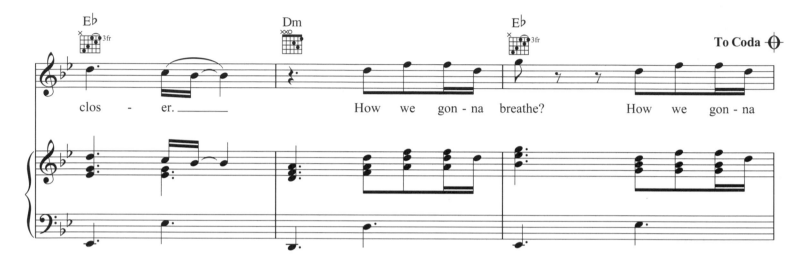

clos - er. _____ How we gon - na breathe? How we gon - na

To Coda ⊕

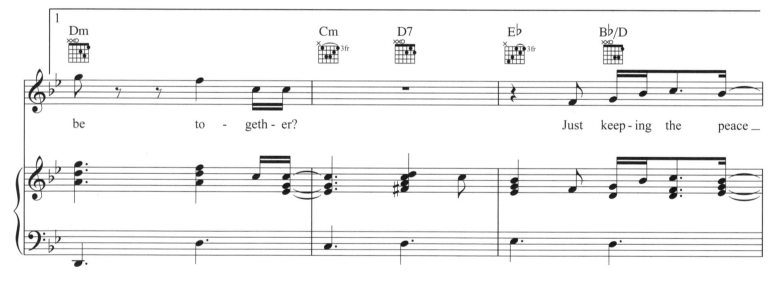

be to - geth - er? Just keep - ing the peace _

_ be - tween the sheets. _ And I

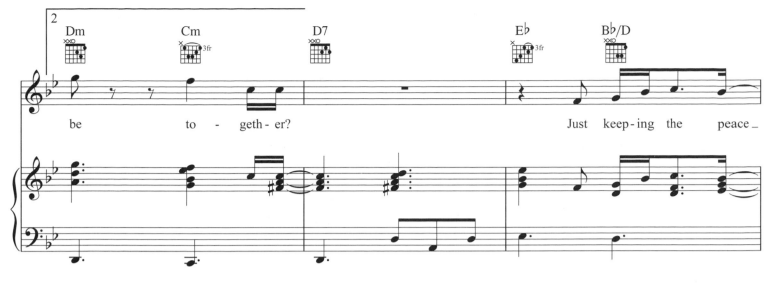

be to - geth - er? Just keep - ing the peace

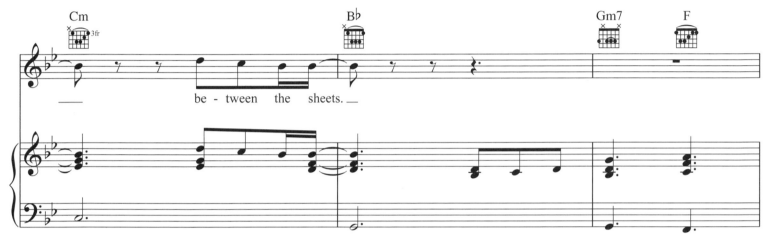

be - tween the sheets.

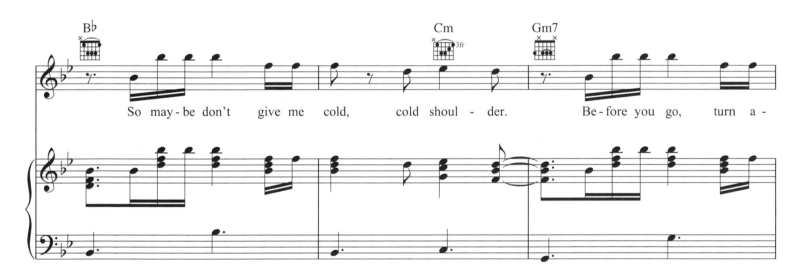

So may - be don't give me cold, cold shoul - der. Be - fore you go, turn a -

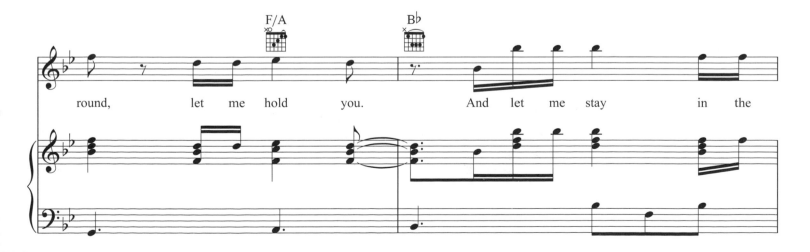

round, let me hold you. And let me stay in the

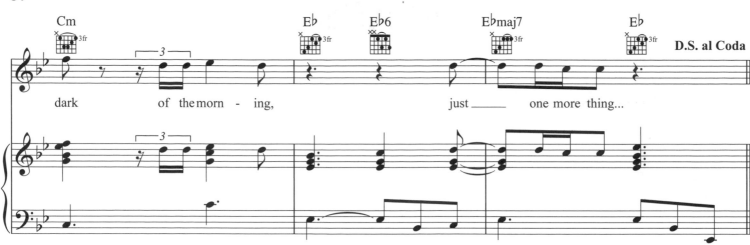

dark of the morn - ing, just ___ one more thing...

D.S. al Coda

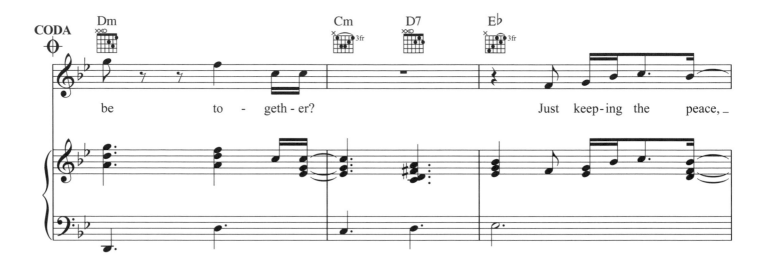

CODA

be to - geth - er? Just keep-ing the peace, _

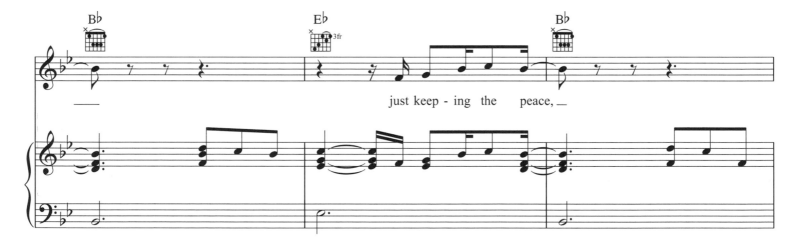

___ just keep - ing the peace, _

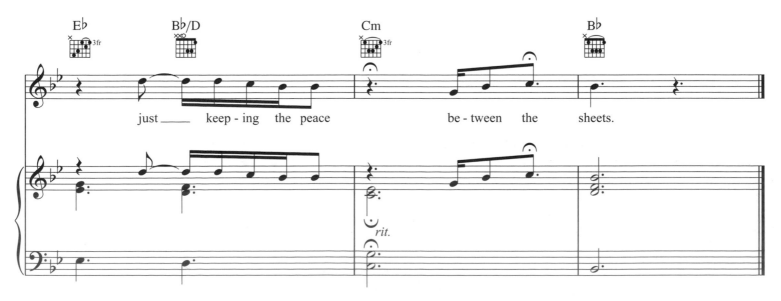

just ___ keep - ing the peace be - tween the sheets.

rit.

SCARS

Words and Music by
JAMES BAY

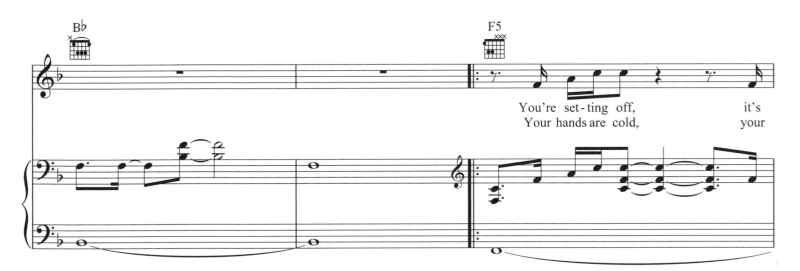

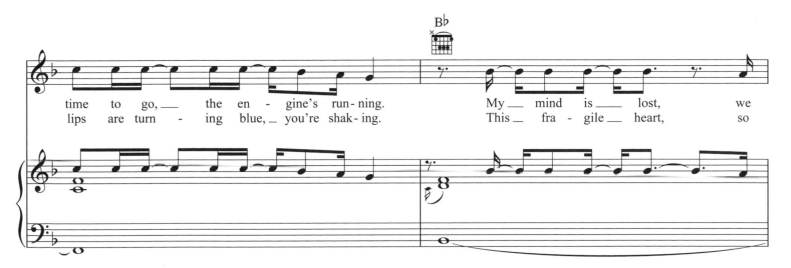

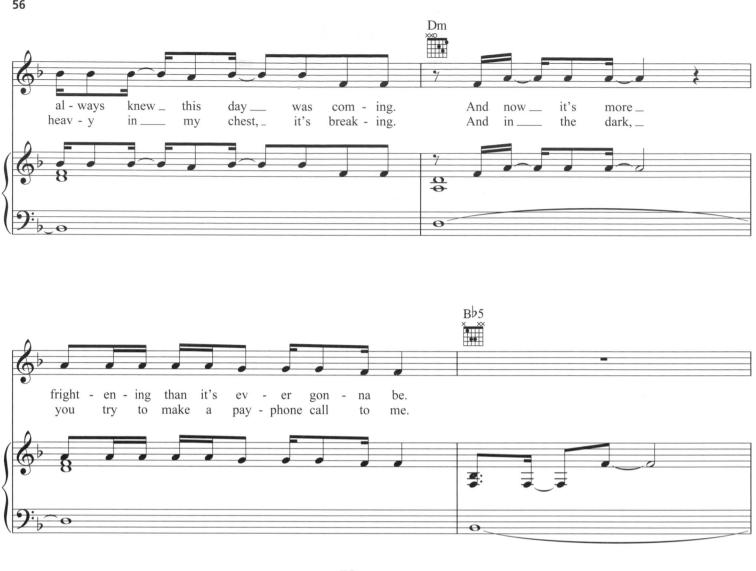

al - ways knew __ this day __ was com - ing. And now __ it's more __
heav - y in __ my chest, __ it's break - ing. And in __ the dark, __

fright - en - ing than it's ev - er gon - na be.
you try to make a pay - phone call to me.

We grow a - part, I
But you're miles a - way, you're

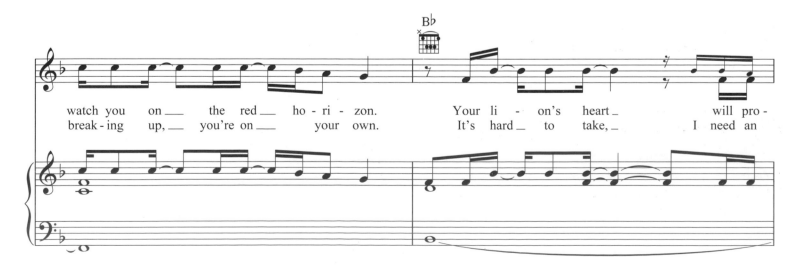

watch you on __ the red __ ho - ri - zon. Your li - on's heart __ will pro -
break - ing up, __ you're on __ your own. It's hard __ to take, __ I need an

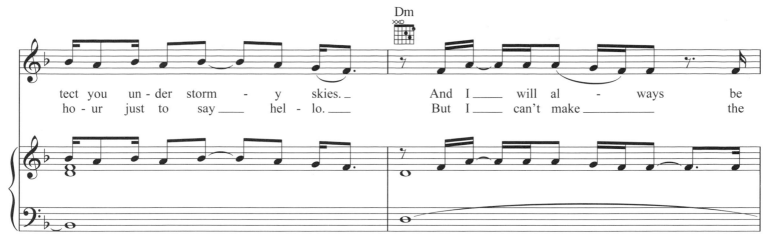

tect you un - der storm - y skies. And I will al - ways be
ho - ur just to say hel - lo. But I can't make the

list -'ning for your laugh - ter and your tears.
truth of this work out for you or me.

As soon as I can hold you once a - gain,
And for all the pen - nies in your pock - et,

I won't let go of you, I swear. }
we bare - ly get a sec - ond just to speak. }

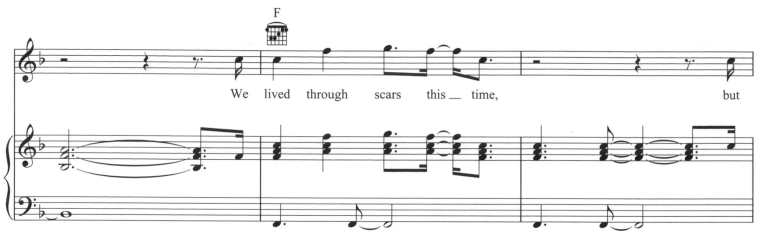

We lived through scars this __ time, but

I've made up my __ mind. We can't leave us be - hind __

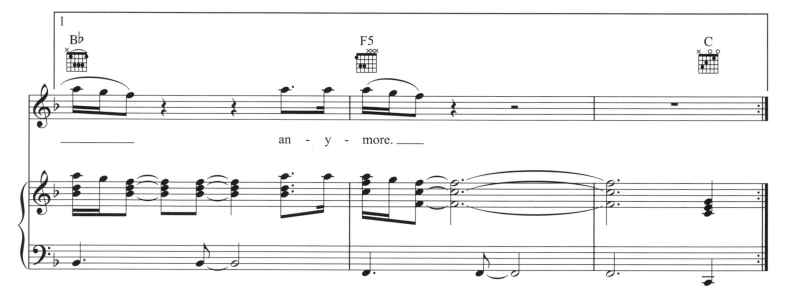

an - y - more. ____

an - y - more. _____ We'll

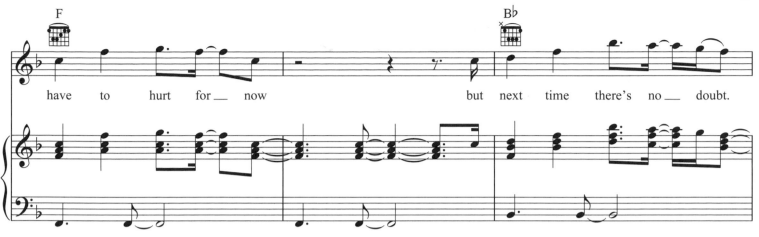

have to hurt for ___ now but next time there's no ___ doubt.

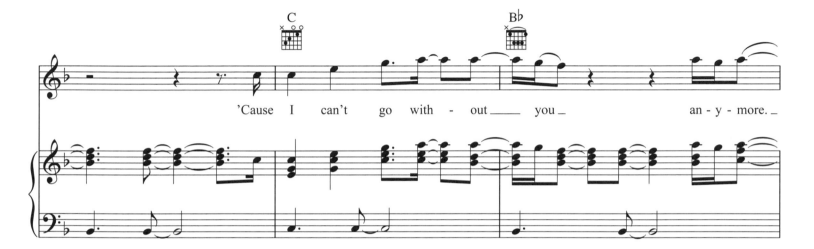

'Cause I can't go with - out ___ you ___ an - y - more. ___

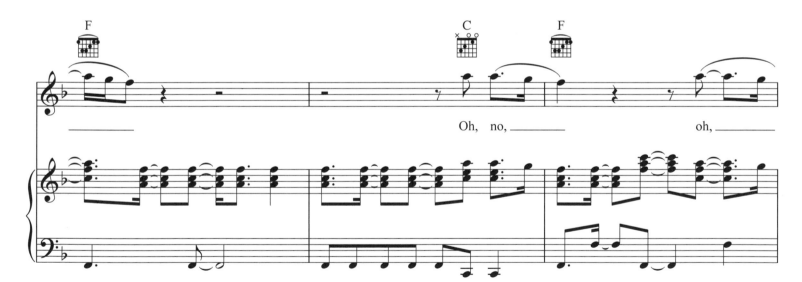

Oh, no, _____ oh, _____

___ oh, _____ oh, _____ oh, _____

oh, _____ oh, _____

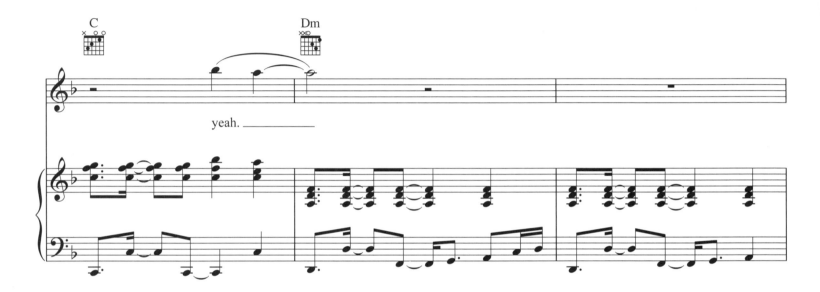

yeah. _____

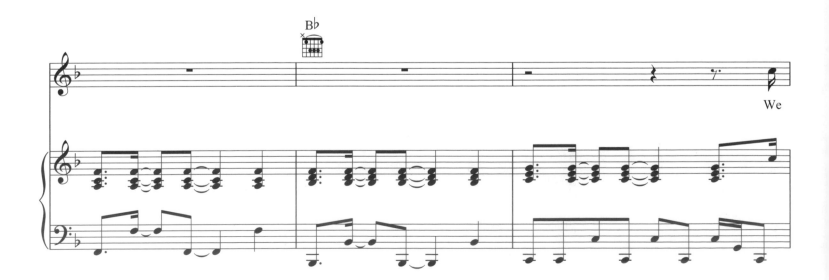

We

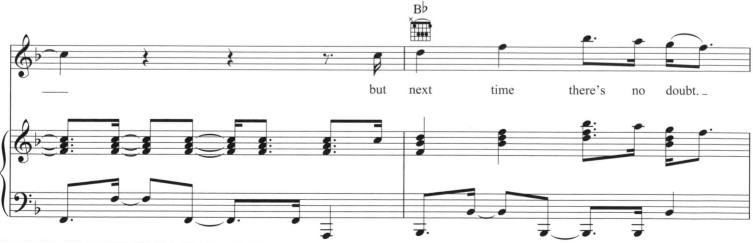

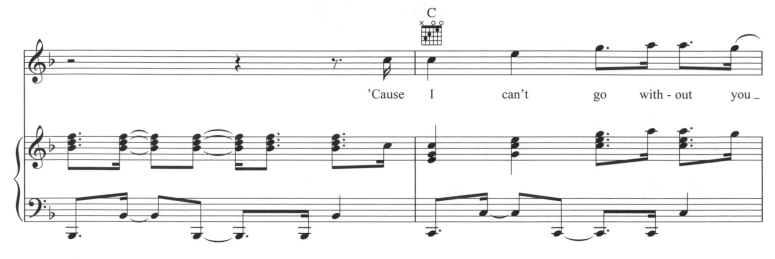

'Cause I can't go with-out you

___ an - y - more.___

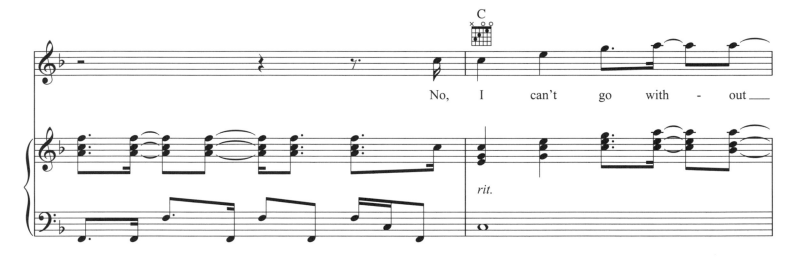

No, I can't go with - out ___

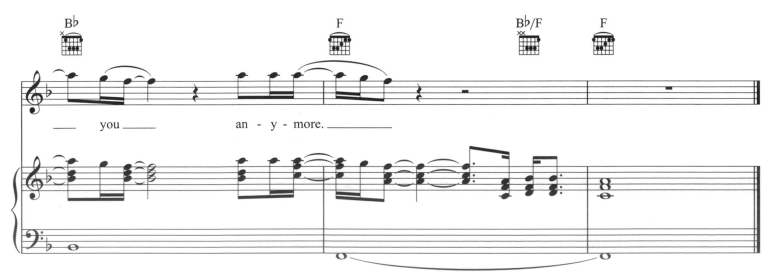

___ you ___ an - y - more.___

COLLIDE

Words and Music by JAMES BAY
and THOMAS EP HULL

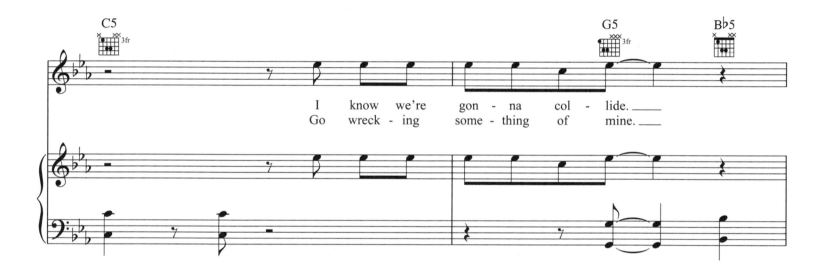

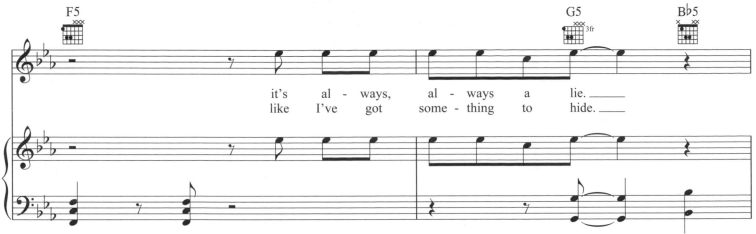

it's al - ways, al - ways a lie. ___
like I've got some - thing to hide. ___

You wear your heart on your sleeve, ___
I'll keep on play - ing with you, ___

I wear my blood on my tie. ___
you keep on call - ing me names. ___

But it's on - ly love un - der - neath ___
Sure, I can take the a - buse, ___

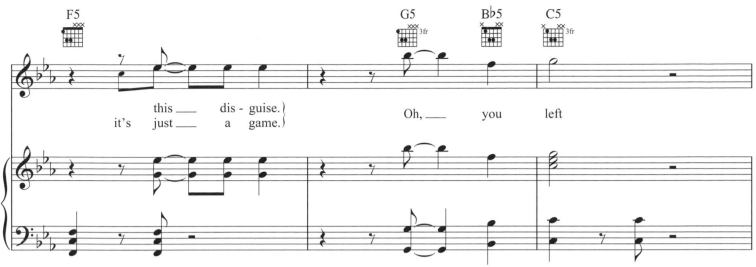

this ___ dis - guise.)
it's just ___ a game.)
Oh, ___ you left

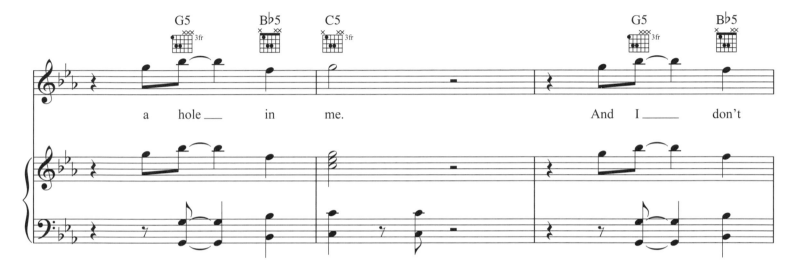

a hole ___ in me.
And I _____ don't

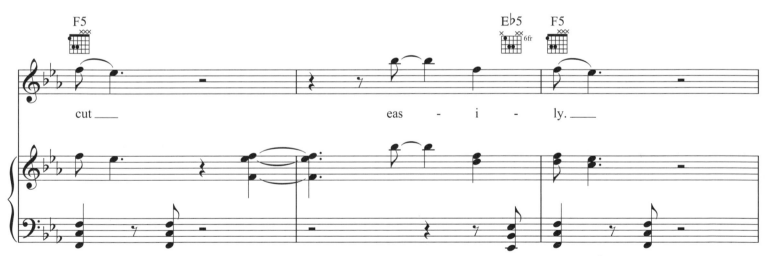

cut ___
eas - i - ly. ___

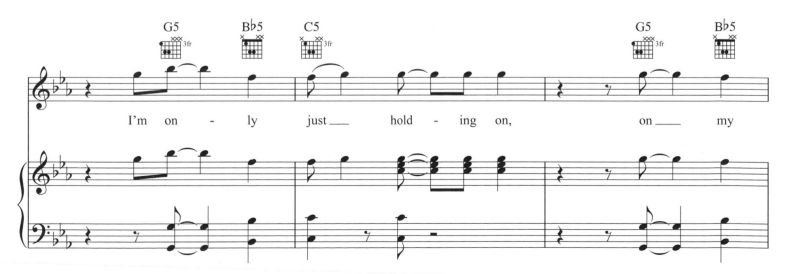

I'm on - ly just ___ hold - ing on,
on ___ my

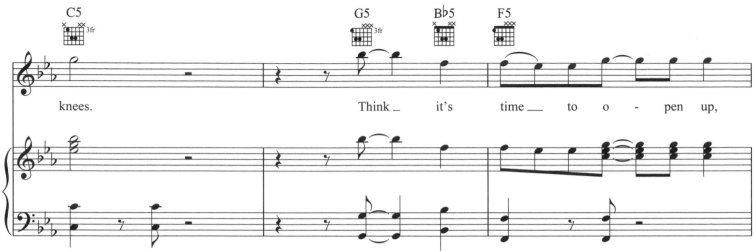

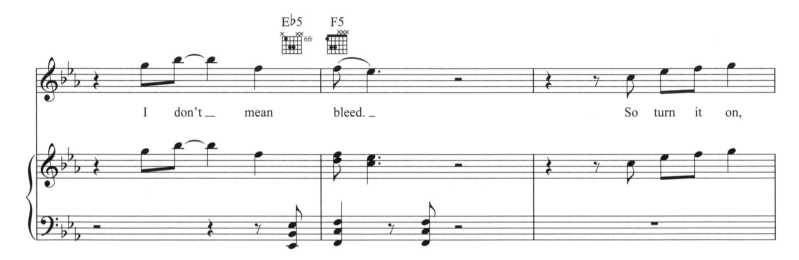

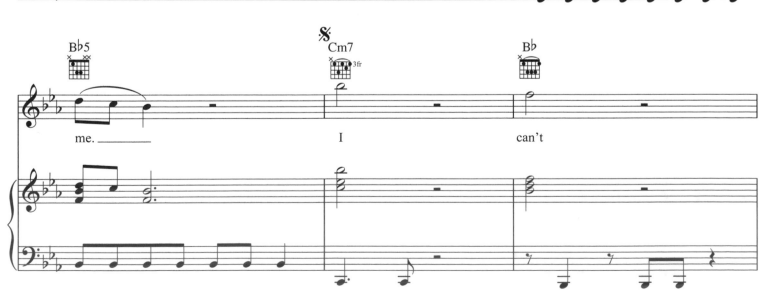

bear to let ___ you go. ___ So keep

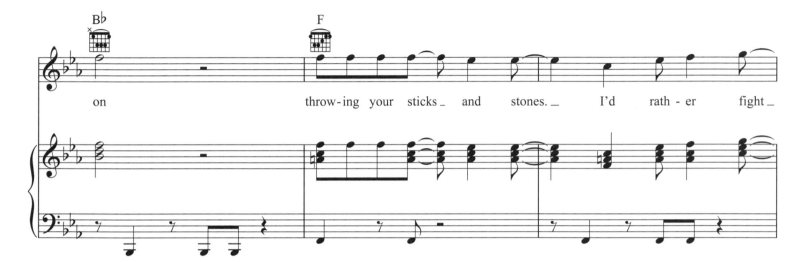

on ___ throw-ing your sticks ___ and stones. ___ I'd rath - er fight ___

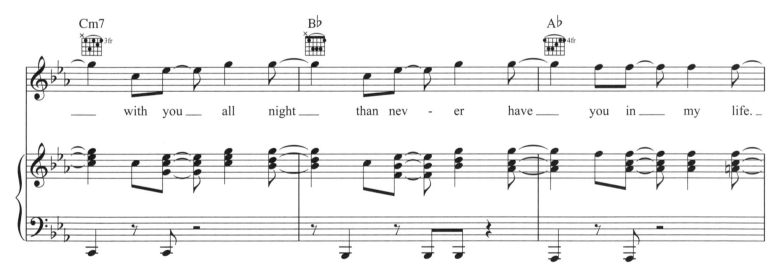

___ with you ___ all night ___ than nev - er have ___ you in ___ my life. ___

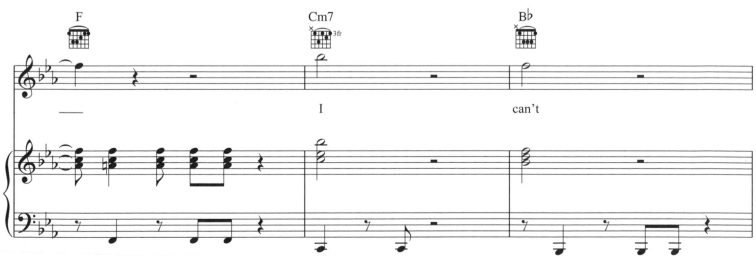

___ I can't

bear to let, ___ bear to let ___ you go. bear to let ___ you go.

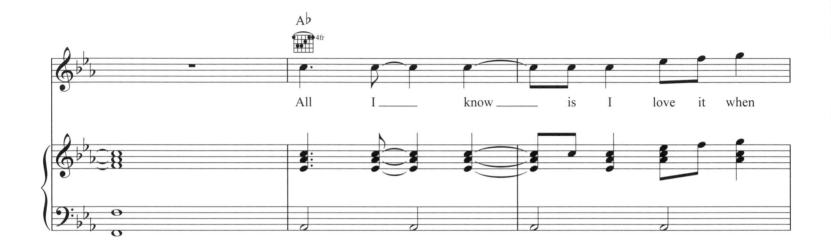

All I ___ know ___ is I love it when

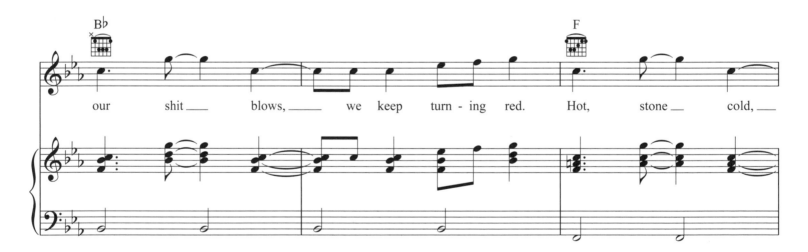

our shit ___ blows, ___ we keep turn - ing red. Hot, stone ___ cold, ___

___ sweet burn in - side. ___

Deals get __ broke, __ we fall in and fall out. Too __ close, __

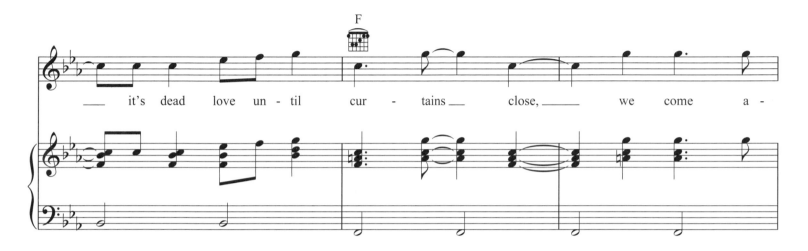

__ it's dead love un-til cur - tains __ close, __ we come a -

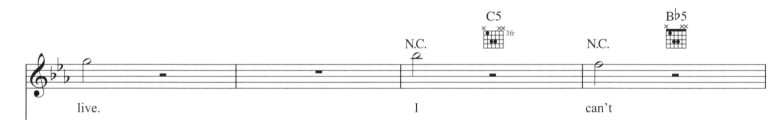

live. I can't

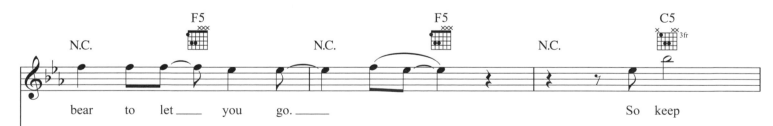

bear to let __ you go. __ So keep

sim.

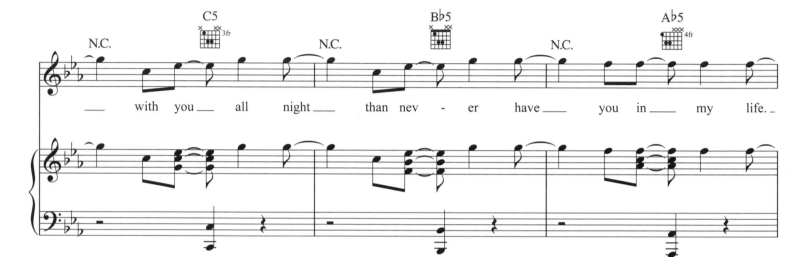

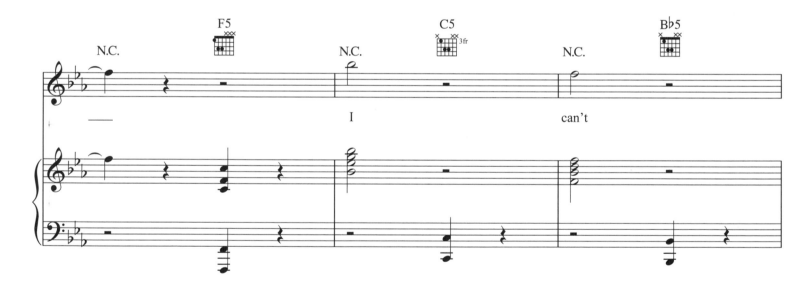

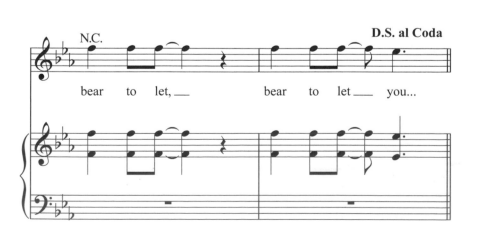

GET OUT WHILE YOU CAN

Words and Music by JAMES BAY
and ED HARCOURT

Driving Rock

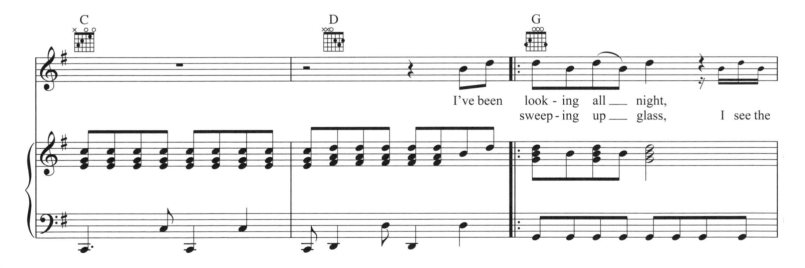

I've been look-ing all __ night,
sweep-ing up __ glass, I see the

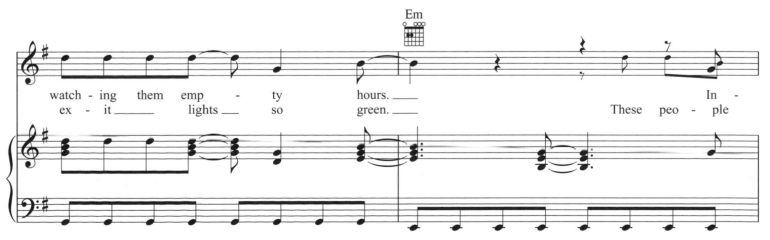

watch-ing them emp-ty hours. __ In -
ex - it __ lights __ so green. __ These peo - ple

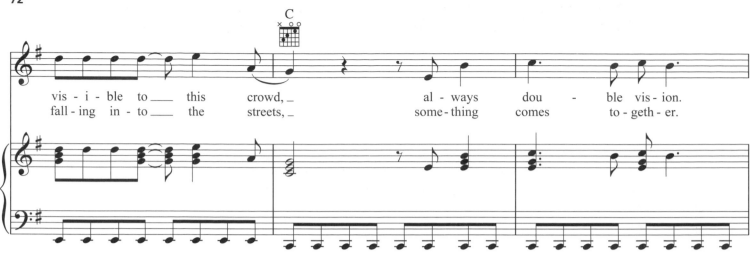

vis - i - ble to ___ this crowd, ___ al - ways dou - ble vis - ion.
fall - ing in - to ___ the streets, ___ some - thing comes to - geth - er.

I've been los - ing my mind,
I've been here too long ___ and if I

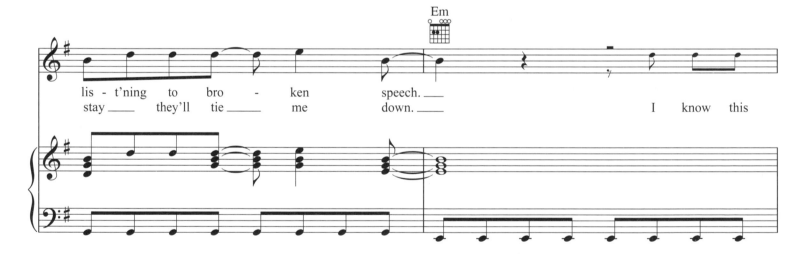

lis - t'ning to bro - ken speech. ___ I know this
stay ___ they'll tie ___ me down. ___

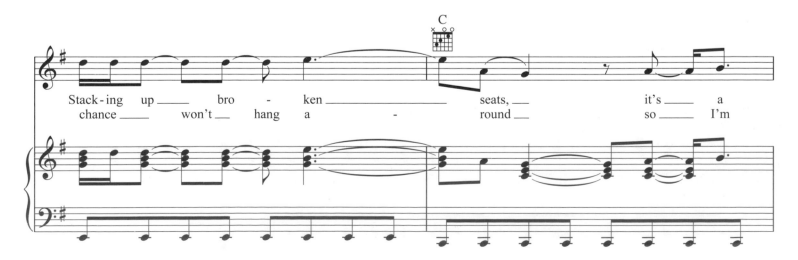

Stack - ing up ___ bro - ken ___ seats, ___ it's ___ a
chance ___ won't hang a - round ___ so ___ I'm

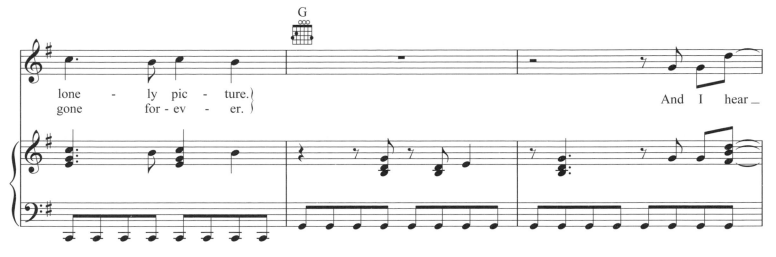

lone - ly pic - ture.)
gone for - ev - er.)

And I hear

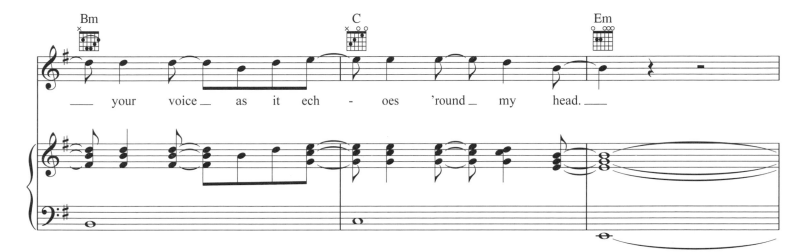

___ your voice ___ as it ech - oes 'round ___ my head. ___

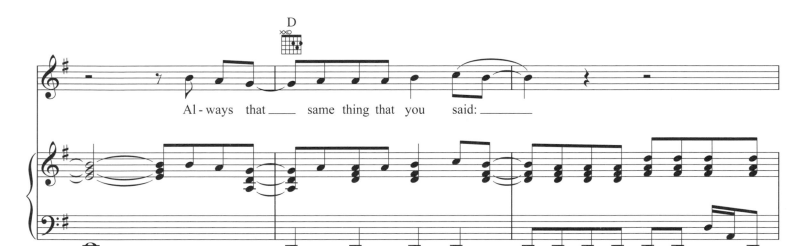

Al - ways that ___ same thing that you said: ___

Get out, get out while you ___ still can. ___

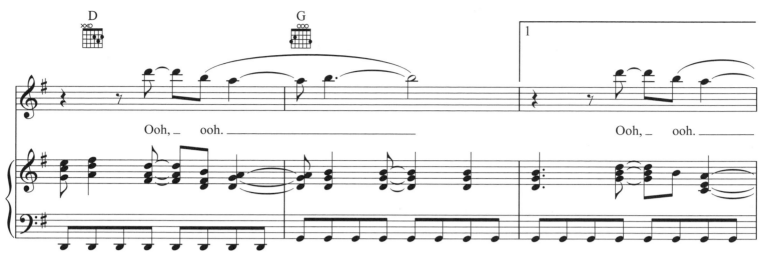

Ooh, ___ ooh. _____ Ooh, ___ ooh. _____

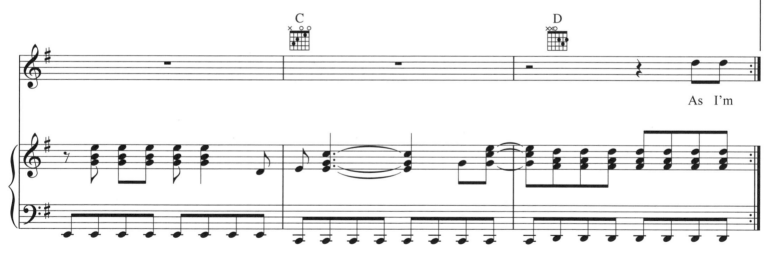

As I'm

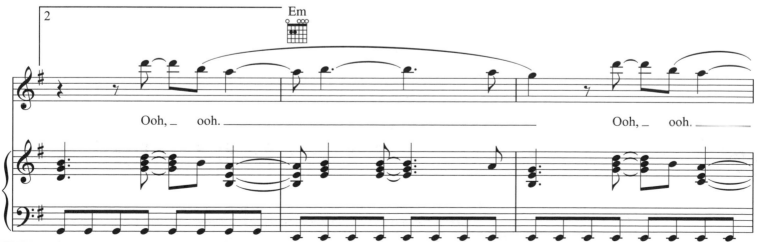

Ooh, ___ ooh. _____ Ooh, ___ ooh. _____

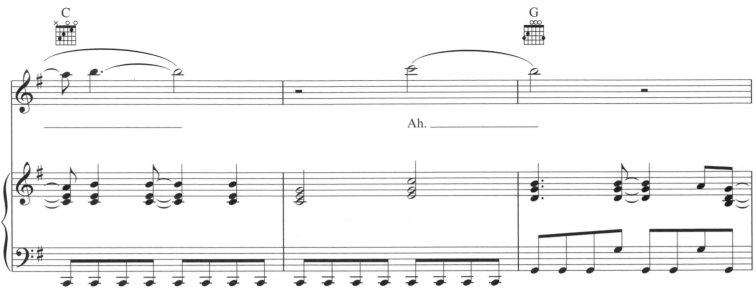

Ah.

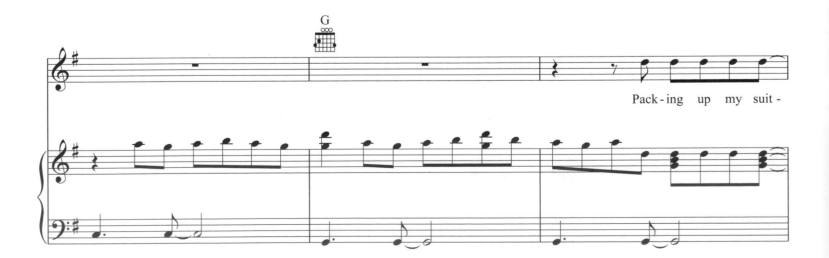

Pack-ing up my suit-

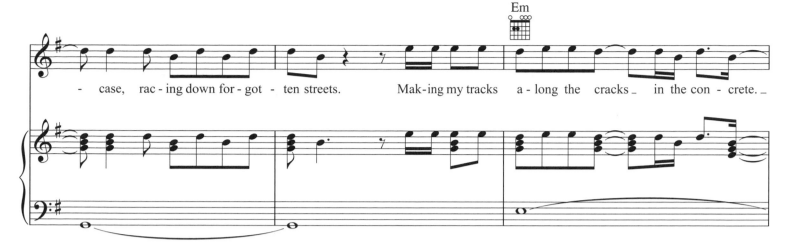

- case, rac-ing down for-got-ten streets. Mak-ing my tracks a-long the cracks in the con-crete.

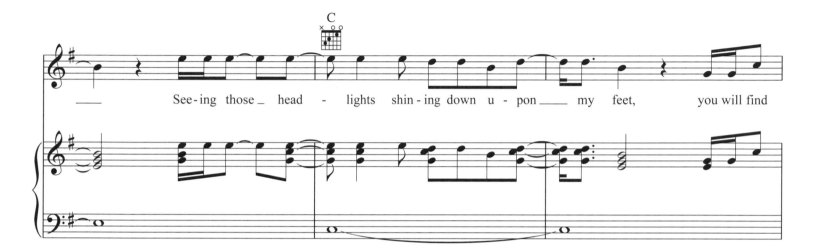

See-ing those head-lights shin-ing down u-pon my feet, you will find

me, you will find me on the run. For all the bleed-ing hearts push-ing 'round the stub-

born carts, I've seen the green-er grass, I have seen the fast-er cars. And I don't need your

hap-py hours, I don't need _ your lone - ly bars. _ I'm pro-ject - ed like a bul - let from a gun.

So take your fi - nal look at me, may-be e - ven take my hand. _ Stead-y on the stair-

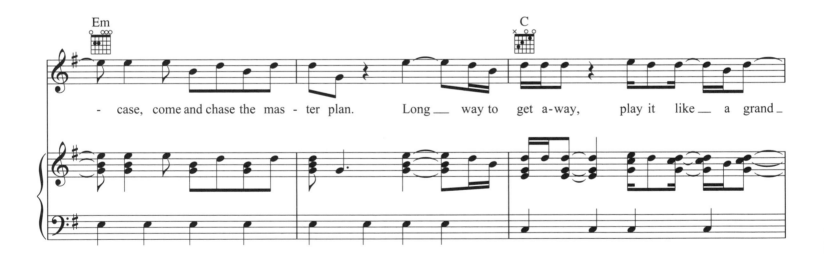

- case, come and chase the mas - ter plan. Long _ way to get a-way, play it like _ a grand _

D.S. al Coda

_ slam. This is no _ en - core, we have on - ly just _ be - gun.

NEED THE SUN TO BREAK

Words and Music by JAMES BAY
and JOEL POTT

Moderate Ballad

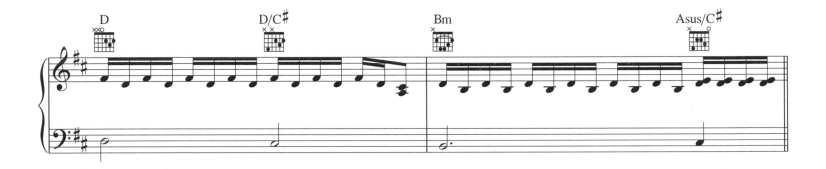

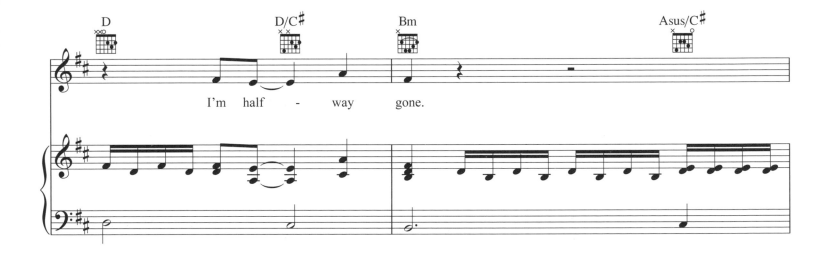

I'm half - way gone.

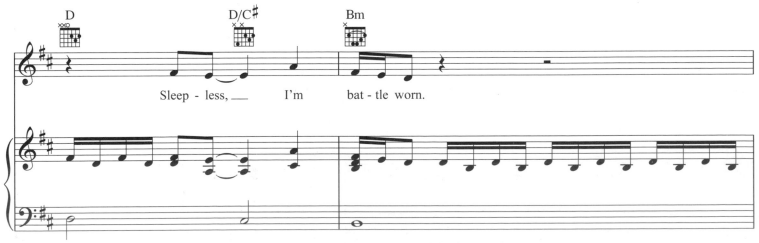

Sleep - less, ___ I'm bat - tle worn.

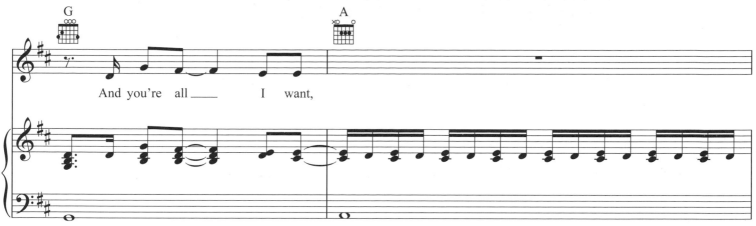

And you're all ___ I want,

so bring me ___ the dawn.

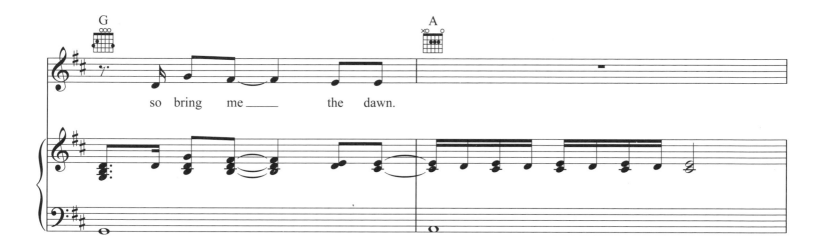

I need the sun ___ to break, ___ you've wok - en up ___ my heart, ___ I'm shak - ing. Oh,

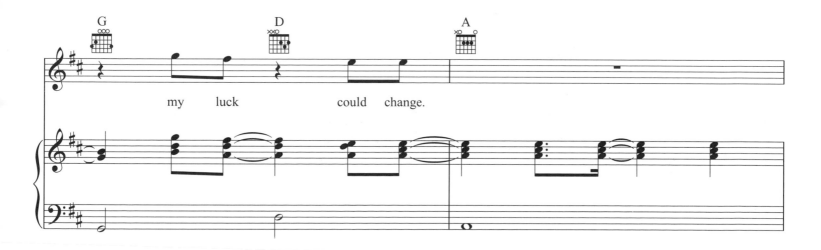

my luck could change.

Been in the dark _ for weeks _ and I've re - a - lized _ you're all _ I need. I hope _

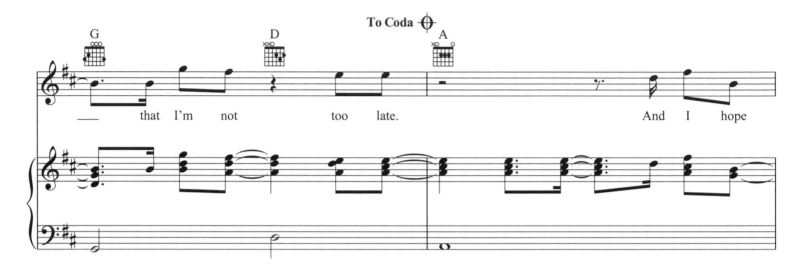

_ that I'm not too late. And I hope

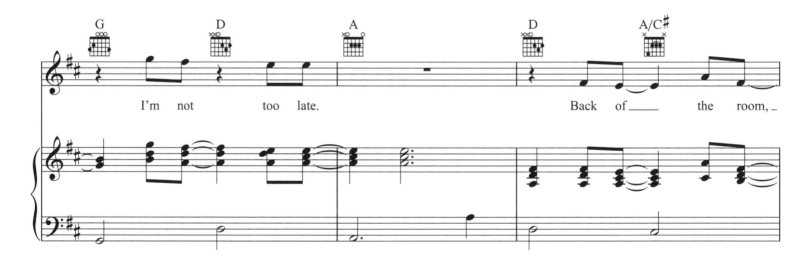

I'm not too late. Back of _ the room, _

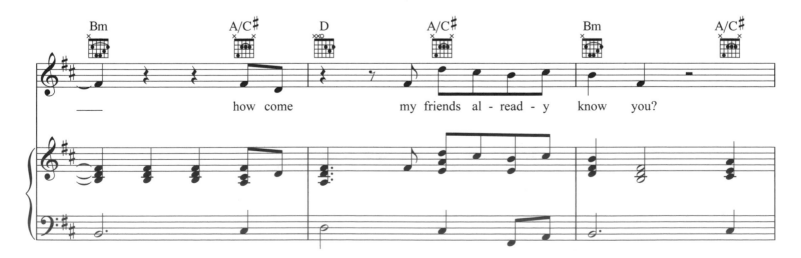

_ how come my friends al - read - y know you?

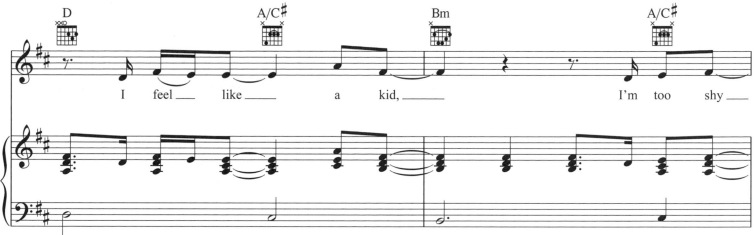

I feel ___ like ___ a kid, ___ I'm too shy ___

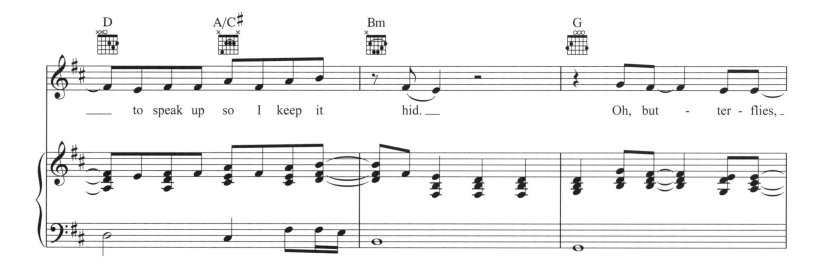

___ to speak up so I keep it hid. ___ Oh, but - ter - flies, ___

D.S. al Coda

you steal my sleep ___ each night. ___

CODA

And I hope I'm not too late.

wok-en up__ my heart,__ I'm shak-ing._____ My luck could change.

Been in the dark__ for weeks__ and I've re-

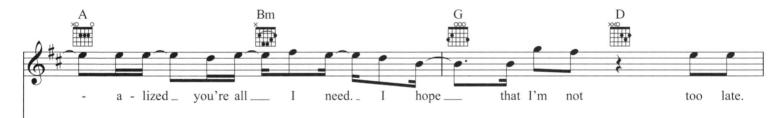

-a-lized__ you're all__ I need. I hope__ that I'm not too late.

And I hope I'm not too late.

Oh, now yes I hope _____ I'm not _____ too late.

Ooh, _____ oh, _____ oh. _____

Ooh, _____ oh, _____ oh. _____

Ooh, _____ oh, ___ oh. ___

INCOMPLETE

Words and Music by JAMES BAY,
CHRIS LEONARD and JAKE GOSLING

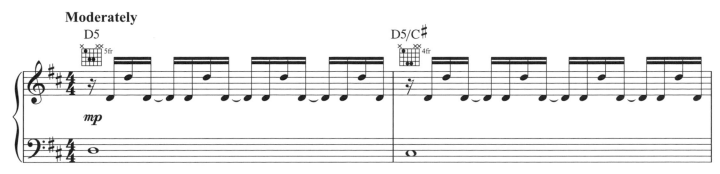

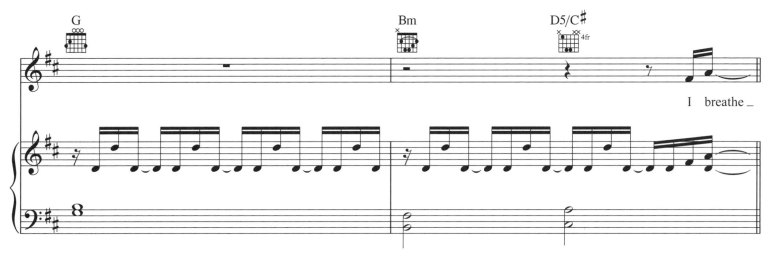

I breathe ___ ___ in slow ___ to com-pose ___ my - self ___ but the bleed - ing heart ___ I left on ___ the shelf ___ start-ed speed-

-ing now, ___ beat-ing half ___ to death 'cause you're here and you're all mine. ___ So I press ___

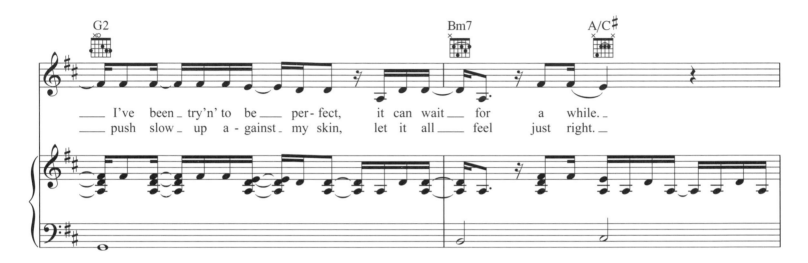

world will turn and __ we'll grow, __ we'll learn how __ to be, __

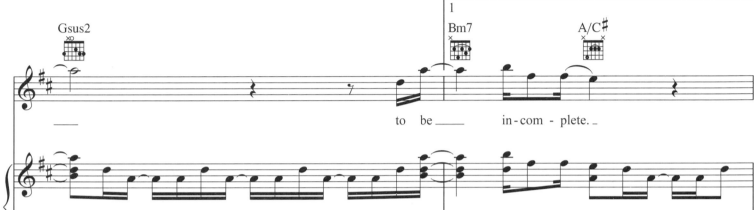

__ to be __ in-com - plete. __

I breathe __ ____ in-com - plete. And

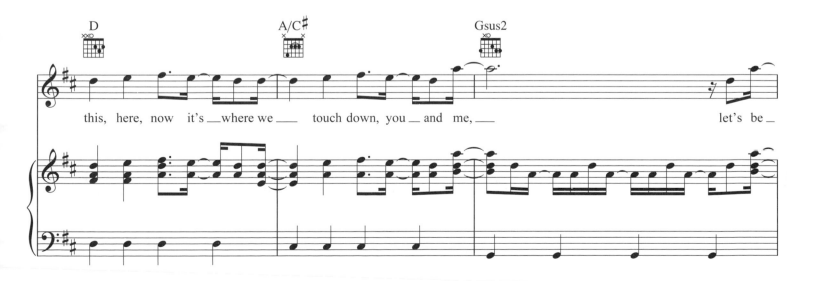

this, here, now it's __ where we __ touch down, you __ and me, __ let's be __

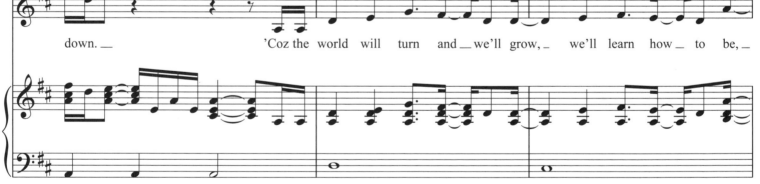

I don't want us to break _ up _ in the cloud. _ All I want is to stay _

_ us, _ to stay with _ you now. _____ I don't want to look down, _

_____ And the world will turn and _ we'll grow, _

_ we'll learn how _ to be, _ to be _ in-com-plete. _ And

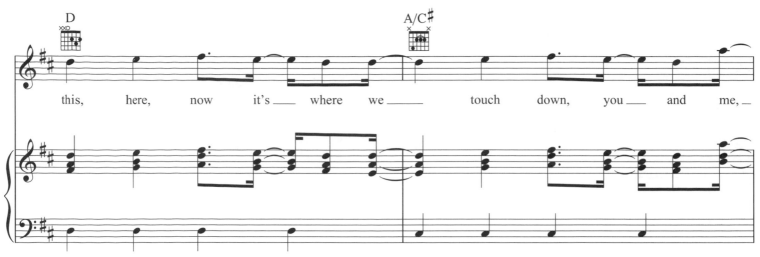

this, here, now it's ___ where we ___ touch down, you ___ and me, ___

___ let's be ___ in-com-plete. ___

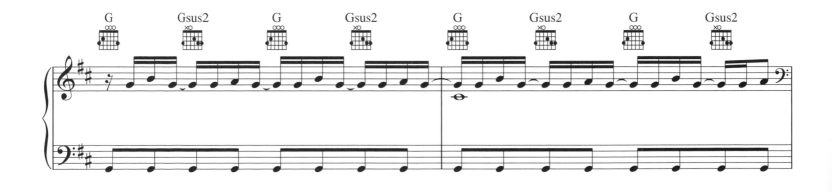

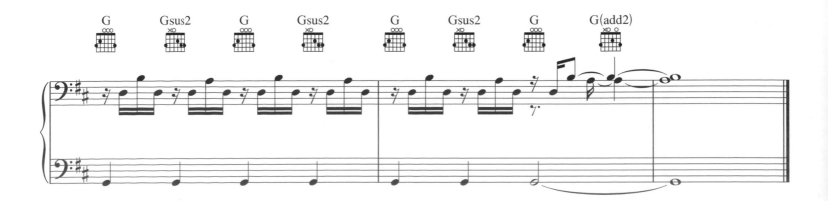